utb 6137

Eine Arbeitsgemeinschaft der Verlage

Brill | Schöningh – Fink · Paderborn
Brill | Vandenhoeck & Ruprecht · Göttingen – Böhlau · Wien · Köln
Verlag Barbara Budrich · Opladen · Toronto
facultas · Wien
Haupt Verlag · Bern
Verlag Julius Klinkhardt · Bad Heilbrunn
Mohr Siebeck · Tübingen
Narr Francke Attempto Verlag – expert verlag · Tübingen
Psychiatrie Verlag · Köln
Ernst Reinhardt Verlag · München
transcript Verlag · Bielefeld
Verlag Eugen Ulmer · Stuttgart
UVK Verlag · München
Waxmann · Münster · New York
wbv Publikation · Bielefeld
Wochenschau Verlag · Frankfurt am Main

Sabrina Amanda Hancken

Gerechtigkeitskompetenzen in der Sozialen Arbeit

Vandenhoeck & Ruprecht

Dr. Sabrina Amanda Hancken, Diplom-Sozialarbeiterin/Sozialpädagogin, M. A. Soziale Arbeit, Sozialtherapeutin, ist Professorin für Sozialarbeitswissenschaften an der Hochschule Merseburg.

Online-Angebote oder elektronische Ausgaben sind erhältlich unter **www.utb.de**

Mit 4 Abbildungen und 3 Tabellen

Bibliografische Information der Deutschen Nationalbibliothek
Die Deutsche Nationalbibliothek verzeichnet diese Publikation in der Deutschen Nationalbibliografie; detaillierte bibliografische Daten sind im Internet über https://dnb.de abrufbar.

Umschlaggestaltung: siegel konzeption | gestaltung, Stuttgart
Satz: SchwabScantechnik, Göttingen
Druck und Bindung: Plump Druck & Medien GmbH, Rheinbreitbach
Printed in the EU

Vandenhoeck & Ruprecht Verlage | www.vandenhoeck-ruprecht-verlage.com

UTB-Band-Nr. 6137
ISBN 978-3-8252-6137-5

Inhalt

1 Einleitung

Obwohl die Soziale Arbeit seit ihren Anfängen Menschen, die sich am Rande der Gesellschaft befinden, unterstützt und versucht, ihre Lebensverhältnisse zu verbessern, sind vor allem seit den 1970er Jahren verstärkte Professionalisierungstendenzen festzustellen. Ihr Erfolg ist sichtbar: Soziale Arbeit ist gesellschaftsfähig geworden! Sie hat sich nicht nur zu einem gesellschaftsfähigen Allgemeinangebot entwickelt, sondern sie fängt auch nach wie vor gesellschaftlich verursachte Desintegrationsfälle ab (vgl. Füssenhäuser/Thiersch 2018). Parallel hierzu hat sich die sozialarbeitswissenschaftliche Theoriebildung weiterentwickelt. Dabei kommt dem Gerechtigkeitsbezug zunehmend eine zentrale Position zu. Denn im Verständnis von Sozialer Arbeit als Gerechtigkeitsprofession bildet das Kernprinzip der sozialen Gerechtigkeit die Legitimation für ihr berufliches Handeln. Unterschiedliche Theoretiker*innen (wie J. Rawls, A. Sen, M. Nussbaum und D. Röh) haben gerechtigkeitsorientierte Ansätze begründet, die als Bezugsrahmen für Sozialarbeitende genutzt werden können. Es bleibt die Frage, wie angesichts der politischen Entwicklungen der Einbezug der Gerechtigkeitsperspektive auch in Zukunft in der Praxis der Sozialen Arbeit sichergestellt werden kann.

Aktuelle Kontroversen um soziale Gerechtigkeit beziehen sich auf Erwartungen an die Selbstverantwortung der Bürger*innen und die Rolle des Staates bei der Herstellung gerechter Verhältnisse. Die Entwicklungen des Wohlfahrtsstaats der letzten zwei Jahrzehnte lassen sich mit den Stichworten Deregulierung, Privatisierung, Ökonomisierung und Destabilisierung zusammenfassen. Unter dem Label der „Aktivierung“ zeigt sich in den letzten Jahren eine Entwicklung von Welfare zum Workfare, welche die Verwertung von Arbeit als Humankapital in den Mittelpunkt stellt. Sozialleistungen werden beispielsweise nur unter dem Grundsatz des „Förderns und Forderns“ gewährt. Vor diesem Hintergrund gerät die Soziale Arbeit selbst immer mehr in Not. Gleichzeitig ist sie aufgefordert, gesellschaftliche Entwicklungen kritisch und im Hinblick auf soziale Ungleichheit produzierende Mechanismen unter Einbezug von Fragen der sozialen Gerechtigkeit infrage zu stellen. Auf diese Entwicklungen möchte dieses Buch eine Antwort finden und danach fragen, wie sich Sozialarbeitende Gerechtigkeitskompetenzen bewusst aneignen können.

Das Arbeitsbuch richtet sich besonderes an Studierende der Sozialen Arbeit und an alle theoretisch interessierten Praktiker*innen in psychosozialen Handlungsfeldern. Unterschiedliche Fallvignetten, bei denen es sich überwiegend um tatsächlich zugetragene Fälle handelt, runden die einzelnen Kapitel ab und laden die Leser*innen zur Auseinandersetzung mit dem eigenen Gerechtigkeitsverständnis sowie entsprechenden Handlungsweisen ein.

Zum Inhalt und Aufbau des Buches

Obwohl die einzelnen Kapitel des Buches aufeinander aufbauen, können sie auch einzeln gelesen werden, da es sich um abgeschlossene Sinneinheiten handelt. Unterschiedliche Fall-, Übungs- und Reflexionsaufgaben laden zum Mit- und Darüber-hinaus-Denken ein und möchten selbstreflexive Prozesse eröffnen.

Nach der Einleitung folgt Kapitel 2. Es umfasst eine Einführung in die Grundlagen der Sozialen Arbeit. Diese sind Dreh- und Angelpunkt, um zu verstehen, dass Soziale Arbeit ohne die Verfolgung der Idee der sozialen Gerechtigkeit ihre Existenzberechtigung verlieren würde.

Kapitel 3 setzt sich mit den drei großen Themen Gerechtigkeit, Soziale Arbeit und Sozialstaat auseinander und zeigt auf, wie diese Bereiche zusammenhängen und sich gegenseitig beeinflussen. Dabei bilden die Menschenrechte den Ausgangspunkt der weiterführenden Ausführungen.

Das Kapitel 4 beschäftigt sich mit zentralen Gerechtigkeitstheorien. Insgesamt werden fünf Ansätze in ihren Grundzügen skizziert. Sie bilden die Grundlage zur Auseinandersetzung mit dem Thema Gerechtigkeitskompetenz im professionellen Kontext.

Kapitel 5 widmet sich der Aneignung von Gerechtigkeitskompetenz. Es wird mit zwei Fallvignetten gearbeitet. Daran anknüpfend werden potenzielle Einflussgrößen auf das sozialarbeiterische Gerechtigkeitsverständnis aufgezeigt.

In Kapitel 6 finden sich Ideen zur Gestaltung einer partizipativen Praxis. Dafür werden drei Spezialisierungen der Sozialen Arbeit genannt, die sich schwerpunktmäßig mit Gesundheit, Bildung oder Interkulturalität beschäftigen. Hierbei handelt es sich gleichzeitig um zentrale Bereiche, die von sozialer

Ungleichheit betroffen sind. Anschließend wird auf eine partizipative Praxis mit drei verschiedenen Zielgruppen der Sozialen Arbeit eingegangen.

Das Buch endet mit einem Ausblick auf Perspektiven der (Teilhabe-)Gerechtigkeit in der sozialarbeiterischen Praxis.

2 Grundlagen der Sozialen Arbeit – eine Einführung

Bevor wir zu den gegenwärtigen unterschiedlichen Einflussgrößen auf die Praxis der Sozialen Arbeit kommen, ist es zunächst von Bedeutung, sich mit den Grundlagen und den Besonderheiten der Sozialen Arbeit zu beschäftigen. Dies hilft dabei, ein Verständnis für den Gerechtigkeitsgedanken, der die Soziale Arbeit seit ihren Anfängen durchzieht, zu entwickeln.

Soziale Arbeit ist die Profession, die aus der Verbindung von Sozialarbeit und Sozialpädagogik hervorgegangen ist. Wurde ursprünglich davon ausgegangen, dass die Sozialarbeit Ersatz für schwindende familiäre Sicherungsleistungen bietet, fühlte sich die Sozialpädagogik für die Kompensation fehlender familiärer Erziehungsleistungen zuständig. Heute ist eine Unterscheidung zwischen diesen beiden Bezeichnungen kaum noch möglich, sodass das Berufsfeld immer häufiger unter dem Begriff Soziale Arbeit zusammengefasst wird. Dabei ist die moderne professionelle Soziale Arbeit eng mit der Entwicklung der Sozialpolitik, wenngleich aus einer anderen Tradition stammend, verbandelt. Nach Hamburger (2003, S. 151) verdanke die Soziale Arbeit ihre Eigenständigkeit dem Umstand, dass „Recht und Geld als sozialpolitische Leistungen lebensweltliche Zusammenhänge nicht sichern" können. Mennicke, Schroer und Böhnisch (Böhnisch 2002, S. 199–200) unterstreichen dieses, indem aus ihrer Sicht die moderne professionelle Soziale Arbeit auch erst mit der Entwicklung der Sozialpolitik als „historisch unterschiedlich gewordene aber gleichermaßen gesellschaftlich institutionalisierte Reaktionen auf typisch psychosoziale Bewältigungsprobleme in der Folge gesellschaftlich bedingter Desintegration" entstanden ist. So verwundert es nicht, dass sich die Soziale Arbeit seit jeher auf die menschlichen Bedürfnisse konzentriert. Grundpfeiler sozialarbeiterischen Handelns bilden die Menschenrechte und die Orientierung an sozialen Gerechtigkeitsverhältnissen. Dieses spiegelt sich auch in der weitverbreiteten Definition von Sozialer Arbeit wider, die sich auf den Seiten des Deutschen Berufsverbandes für Soziale Arbeit und Heilberufe (DBSH 2017) findet:

> „Soziale Arbeit fördert als praxisorientierte Profession und wissenschaftliche Disziplin gesellschaftliche Veränderungen, soziale Entwicklungen und den sozialen Zusammenhalt sowie die Stärkung der Autonomie und Selbstbestimmung von Menschen. Die Prinzipien sozialer Gerechtigkeit, die Menschenrechte, die gemeinsame Verantwortung und die Achtung der Vielfalt bilden die Grundlage der Sozialen Arbeit. Dabei stützt sie sich auf Theorien der Sozialen Arbeit, der Human- und Sozialwissenschaften und auf indigenes Wissen. Soziale Arbeit befähigt und ermutigt Menschen so, dass sie die Herausforderungen des Lebens bewältigen und das Wohlergehen verbessern, dabei bindet sie Strukturen ein. Diese Definition kann auf nationaler und/oder regionaler Ebene weiter ausgeführt werden."

Soziale Arbeit lässt sich in *Praxis* (Profession Soziale Arbeit) und *Wissenschaft* (Disziplin Soziale Arbeit, Sozialarbeitswissenschaft) unterscheiden. Dabei generiert die Praxis Sozialer Arbeit genauso neue Wissens- und Handlungsbestände wie auch in der Disziplin professionell gehandelt wird.

Auf der Suche nach dem Gegenstand der Sozialen Arbeit sind unterschiedlichste Theorien entstanden. Zu den Klassikern gehören u. a. Soziale Arbeit als reflexive Profession von Bernd Dewe und Hans-Uwe Otto, lebensweltorientierte Soziale Arbeit von Hans Thiersch sowie Soziale Arbeit als Menschenrechtsprofession von Silvia Staub-Bernasconi. Weitestgehend besteht Einigkeit in der Wissensgemeinschaft darüber, dass der *Gegenstand der Sozialen Arbeit* die Bearbeitung von gesellschaftlich und professionell als relevant angesehenen Problemlagen ist.

Weiterhin lassen sich unabhängig vom Handlungsfeld unterschiedliche Strukturmerkmale ausfindig machen:

- Hilfe und Kontrolle,
- Handeln in bürokratischen Abläufen,
- zwei Interventionsebenen,
- interdisziplinäre Kooperation.

Die beiden Begriffe Hilfe und Kontrolle, besser bekannt unter der Bezeichnung des „Doppelten Mandates" der Sozialen Arbeit, bringen zum Ausdruck, dass Soziale Arbeit einen doppelten Auftrag zu erfüllen hat: Zum einen orientiert sie sich an den Bedürfnissen und Wünschen ihrer Adressat*innen, zum anderen handelt sie aber auch im Auftrag des Staates bzw. der Gesellschaft. Dass es zwischen diesen beiden Polen immer wieder zu Spannungen kommen kann, verwundert nicht. Daneben findet sozialarbeiterisches Handeln stets in bürokratischen Abläufen statt. So gehören beispielsweise das Dokumentieren, das Erstellen von Entwicklungsberichten sowie die Teilnahme an Entwicklungsgesprächen heute selbstverständlich zum Berufsalltag von Sozialarbeiter*innen und verdeutlichen damit auch die Abhängigkeit von der öffentlichen Hand. Damit spiegeln sich auch die zwei Interventionsebenen wider, die sich auf die individuelle und die politische/strukturelle Ebene mit dem Ziel, die soziale Umwelt mitzugestalten, beziehen. Entsprechend findet Soziale Arbeit nicht nur im direkten Kontakt mit den Adressat*innen statt, sondern hat sogleich auch immer eine politische Komponente.

Die interdisziplinäre Kooperation zeigt sich sowohl in der Vernetzung mit den an einem Fall beteiligten Akteur*innen als auch in Zusammenschlüssen in unterschiedlichen Settings, wie es beispielsweise im Rahmen von Arbeitsgemeinschaften, Qualitätszirkeln und Verbünden der Fall ist. Die nachfolgende Grafik verdeutlicht nochmals die prägenden Strukturelemente der Sozialen Arbeit, zwischen denen sie sich bewegt und die sie mitgestaltet.

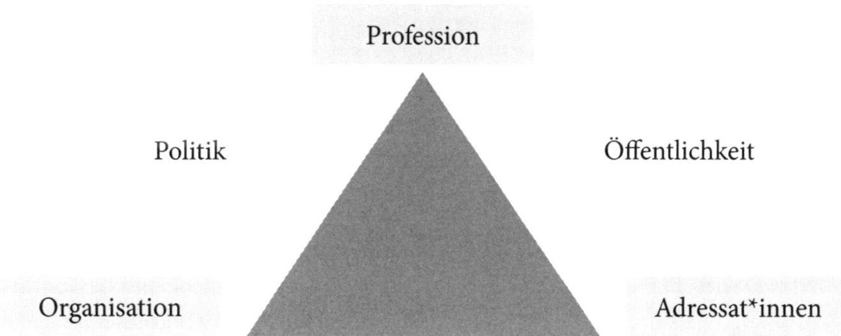

Abb. 1: Strukturelemente der Sozialen Arbeit

Aufgabe 1:
Nachdem Sie nun einige wesentliche Aspekte über die Soziale Arbeit erfahren haben, beantworten Sie sich bitte folgende Frage: Wie gestaltet sich Ihrer Meinung nach das Aufgabenspektrum der Sozialen Arbeit?

Zu den Aufgaben von Sozialarbeiter*innen gehören Hilfe und Unterstützung bei der Bewältigung problembelasteter und krisenhafter Lebenslagen. Sie findet somit Lösungen für gesellschaftlich verursachte Probleme, wie Wohnen, Arbeit, Gesundheit, die im Rahmen gesellschaftlicher Sozialpolitik dazu beitragen, die Chancengleichheit benachteiligter und ausgegrenzter sozialer Gruppen in der Gesellschaft zu erhöhen.

Sozialarbeiter*innen können je nach Fall und Situation auf unterschiedliche Methoden zurückgreifen.

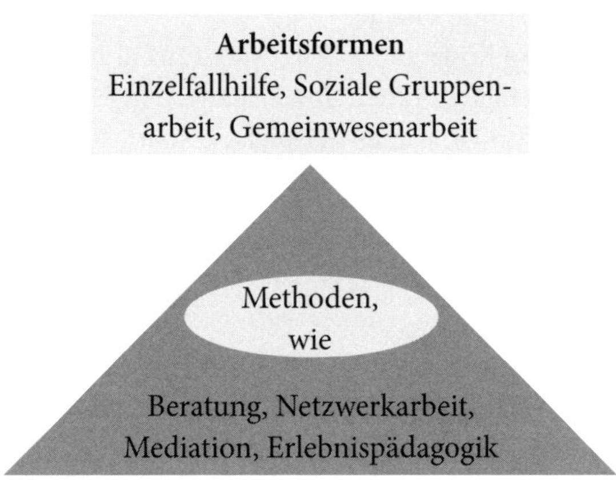

Abb. 2: Arbeitsformen und Methoden

Zunächst kann zwischen den Arbeitsformen Einzelfallhilfe, soziale Gruppenarbeit und Gemeinwesenarbeit unterschieden werden. Hierbei handelt es sich um das klassische „Dreigestirn“ der Sozialen Arbeit, dem wiederum bestimmte Methoden, wie Beratung oder Mediation, zugeordnet werden können:

- Die *Einzelfallhilfe* orientiert sich vor allem an den Besonderheiten und Bedürfnissen des einzelnen Falls und unterstützt, fördert, begleitet und befähigt Kinder, Jugendliche und Erwachsene in herausfordernden Lebenssituationen.
- Bei der *sozialen Gruppenarbeit* handelt es sich um eine Arbeitsform der Sozialen Arbeit, die dem einzelnen Gruppenmitglied durch „sinnvolles“ Gruppenerleben hilft, die soziale Funktionsfähigkeit zu verbessern und Problemen des öffentlichen Lebens besser gewachsen zu sein (vgl. Konopka 1971). Diese Methode erkennt die sozialen Kräfte, die in einer Gruppe entstehen, und versucht diese Kräfte im Interesse der Veränderung der Adressat*innen zu nutzen. Dazu gehört zunächst, dass die Gruppe nicht Selbstzweck, sondern zugleich

Ort und Medium des „Miteinanders" ist, in deren Zentrum das Wachstum, die Bildung und die Eingliederung des jeweiligen Gruppenmitglieds stehen.
- Die *Gemeinwesenarbeit* bezeichnet hingegen einen Prozess, in dessen Verlauf ein Gemeinwesen seine Bedürfnisse und Ziele feststellt, sie ordnet oder in eine Rangfolge bringt. Dabei geht es um die Entwicklung von Vertrauen und den Willen, etwas dafür zu tun, dass innere und äußere Quellen mobilisiert werden, um die Bedürfnisse zu befriedigen. Die Gemeinwesenarbeit wird also in dieser Richtung aktiv und fördert dadurch die Haltung von Kooperation und Zusammenarbeit und ihr tätiges Praktizieren (vgl. Ross 1968).

Genauso vielfältig, wie sich der Einsatz von Arbeitsformen und Methoden gestaltet, um in der Praxis multifaktorielle und systemübergreifende soziale Probleme zu lösen, sind auch die verschiedenen Arbeitsfelder. Sie verdeutlichen einmal mehr die Komplexität der Tätigkeiten für die Sozialarbeitende zuständig sein können. Dabei können die Arbeitsfelder nach Zielgruppen, Auftraggeber*innen/Rechtsgrundlagen und Arbeitsfeldtypen unterschieden werden. Nachfolgend ein exemplarischer Überblick über sozialarbeiterische Handlungsfelder, der sich an Arbeitsfeldtypen orientiert.

Soziale Arbeit im Bereich Arbeitsintegration	Soziale Arbeit in Beratungskontexten
Soziale Arbeit und Gesundheit	Soziale Arbeit im Sozialraum
Soziale Arbeit mit Kindern und Jugendlichen	Soziale Arbeit in administrativen Kontexten

Soziale Arbeit im internationalen und transkulturellen Kontext

Abb. 3: Arbeitsfelder

Aufgabe 2:
Denken Sie einmal an Ihre letzten Praxiserfahrungen zurück. In welchem Handlungsfeld waren Sie aktiv? Welche Berührungspunkte hatten Sie mit dem Thema Gerechtigkeit?

Das Thema Gerechtigkeit nimmt gerade in Zeiten wirtschaftlicher Engpässe der öffentlichen Hand eine bedeutende Stellung – nicht nur, aber vor allem – für die Soziale Arbeit ein. Soziale Ungleichheiten verstärken die Forderung nach gerechteren Lebensverhältnissen und sollten somit Dreh- und Angelpunkt für die Praxis und Theorie der Sozialen Arbeit sein.

3 Menschenrechte, Gerechtigkeit, Soziale Arbeit und Sozialstaat

Zunehmend finden sich seit den 1970er Jahren Bemühungen um eine sozialarbeitswissenschaftliche Theoriebildung. Dabei kommt dem Gerechtigkeitsbezug zunehmend eine zentrale Position zu. Denn im Verständnis von Sozialer Arbeit als Gerechtigkeitsprofession bildet die Orientierung am Gerechtigkeitsprinzip die Legitimation für ihr berufliches Handeln, wie es auch aus den unterschiedlichen sozialarbeitswissenschaftlichen Theorien hervorgeht. Dabei agiert die Soziale Arbeit nicht autonom, sondern ist eng mit den Prinzipien des Sozialstaates verbunden: Ging es viele Jahrzehnte um das Versorgen und Betreuen von Menschen in Problemlagen, auch bekannt unter dem Begriff der „fürsorglichen Vernachlässigung“ (Nolte 2006), steht heutzutage die Selbstverantwortung der Bürger*innen im Mittelpunkt des Geschehens. Unter dem Label der „Aktivierung“ zeigt sich in den letzten Jahren eine Entwicklung von Welfare zum Workfare, die die Verwertung von Arbeit als Humankapital in den Mittelpunkt stellt. Dies hat enorme Auswirkungen auf die Soziale Arbeit. Mit dem Grundgedanken der Aktivierungspolitik verdichtet und reduziert sich ihr Professionsverständnis. Adressat*innen werden vermehrt zu einer Änderung von Verhaltensmustern und Lebensmotiven animiert, die sich am Normalitätsprinzip orientiert. Erst ein Defizit geht mit staatlichen Unterstützungsleistungen einher. Dabei ist es der Sozialen Arbeit ein zentrales Anliegen, auf soziale Ungleichheit produzierende Mechanismen hinzuweisen und für soziale Gerechtigkeit einzustehen.

3.1 Menschenrechte und soziale Gerechtigkeit

Menschenrechte und das Verständnis von sozialer Gerechtigkeit stellen einen zentralen Bezugsrahmen für die Soziale Arbeit dar. Soziale Arbeit als eine Menschenrechtsprofession zu verstehen, ist spätestens seit der Idee von Silvia Staub-Bernasconi in den 1990er Jahren von zentraler Bedeutung. Was sind nun aber Menschenrechte? Wo sind sie festgelegt? Welche Verbindung besteht zur sozialen Gerechtigkeit? In welcher Beziehung steht die Soziale Arbeit zu den Menschenrechten? Diese Fragen werden wir im weiteren Verlauf näher beleuchten.

3.1.1 Menschenrechte

Voraussetzung für eine menschenrechtsorientierte Soziale Arbeit ist zunächst eine gute Kenntnis der Menschenrechte bzw. der entsprechenden Artikel des Grundgesetzes. Reine Wissensbestände allein reichen allerdings oft nicht aus, sondern sie sollten von einer entsprechenden Haltung und Berufsethik begleitet werden.

Aufgabe 3:
Um Ihr Vorwissen zu aktivieren, beantworten Sie bitte die beiden nachfolgenden Fragen:

1. Seit wann gibt es die Menschenrechte?
(A) 1921
(B) 1948
(C) 1962

2. Wie viele Artikel umfasst die Allgemeine Erklärung der Menschenrechte?
(A) 10
(B) 20
(C) 30

Lösungen: 1. (B), 2. (C)

Eine verbindliche und international gültige Menschenrechtsordnung wurde im Jahr 1948 als Reaktion auf den Zweiten Weltkrieg formuliert. Die Idee von Grundrechten, die ohne Einschränkung für jede Person gelten, ist weitaus älter. Jedoch besteht der entscheidende Unterschied zwischen der Allgemeinen Erklärung der Menschenrechte (AEMR) und ihren Vorgängerschriften darin, dass Voraussetzung der „universelle[n] Gleichheit aller Menschen als Rechtssubjekte […] die Inklusivität des Schutzanspruchs und Verankerung in verbindlichem Völkerrecht" ist (Eberlei/Neuhoff/Riekenbrauk 2018, S. 155). Allgemein gesagt, gelten als Menschenrechte die Rechte, die jedem Menschen von Geburt an zustehen. Sie werden nicht erworben und können auch nicht entzogen werden. Menschenrechte sind als Bestandteil des internationalen Rechts von zentraler Bedeutung.

Insgesamt umfasst die Allgemeine Erklärung der Menschenrechte dreißig Artikel, die in nachfolgender Tabelle komprimiert dargestellt sind.

Art. 1: Alle Menschen sind gleich und frei an Würde geboren	Art. 16: Das Recht zu heiraten und eine Familie zu gründen
Art. 2: Niemand darf diskriminiert werden	Art. 17: Jeder hat ein Recht auf Eigentum
Art. 3: Jeder hat das Recht auf Leben	Art. 18: Recht auf Gedanken-, Gewissens- und Religionsfreiheit
Art. 4: Keine Sklaverei	Art. 19: Recht auf freie Meinungsäußerung
Art. 5: Niemand darf gefoltert werden	Art. 20: Recht zur friedlichen Versammlung
Art. 6: Jeder wird überall als Rechtsperson anerkannt	Art. 21: Recht auf Demokratie und freie Wahlen
Art. 7: Alle Menschen sind vor dem Gesetz gleich	Art. 22: Recht auf soziale Sicherheit
Art. 8: Jeder hat Anspruch auf Rechtsschutz	Art. 23: Recht auf Arbeit und Schutz der Arbeiter
Art. 9: Niemand darf willkürlich inhaftiert werden	Art. 24: Recht auf Erholung und Freizeit
Art. 10: Jeder hat das Recht auf ein faires Gerichtsverfahren	Art. 25: Recht auf Essen, Unterkunft und ärztliche Versorgung
Art. 11: Jeder ist unschuldig, solange nicht das Gegenteil bewiesen wurde	Art. 26: Jeder hat ein Recht auf Bildung
Art. 12: Jeder hat ein Recht auf Privatleben	Art. 27: Kultur und Urheberrecht
Art. 13: Jeder darf sich frei bewegen	Art. 28: Gerechte soziale und internationale Ordnung
Art. 14: Recht auf Asyl	Art. 29: Wir alle tragen Verantwortung gegenüber anderen
Art. 15: Jeder hat das Recht auf eine Staatsangehörigkeit	Art. 30: Niemand kann dir die Menschenrechte wegnehmen

Tab. 1: Menschenrechte im Überblick

Nach dem Deutschen Institut für Menschenrechte (2022) gelten diese Rechte für alle Menschen – einfach weil sie Menschen sind, jederzeit und überall, „ohne irgendeinen Unterschied, etwa aufgrund rassistischer Zuschreibungen, nach Hautfarbe, Geschlecht, Sprache, Religion, politischer oder sonstiger Überzeugung, nationaler oder sozialer Herkunft, Vermögen, Geburt oder sonstigem Stand" (Art. 2). Grundlage der Menschenrechte ist die Annahme, dass alle Menschen die gleiche Menschenwürde besitzen und gleichberechtigt sind. Dieses mit den Menschenrechten vermittelte Menschenbild lässt sich entsprechend mit den Wertvorstellungen Gleichheit, Sicherheit, Freiheit, Geselligkeit und Existenzsicherung umschreiben. Nicht nur das jeder Mensch, unabhängig beispielsweise von Geschlecht und Gruppenzugehörigkeiten, ein Recht auf dieselben Menschenrechte und auf faire rechtliche Verfahren hat, sondern Menschen haben ebenfalls ein Recht auf Schutz vor körperlichen und psychischen Verletzungen ihrer Integrität und Privatsphäre sowie ein Recht auf Freiheit. Darüber hinaus hat jeder Mensch das Recht, gemeinsam mit anderen Menschen Lebensgemeinschaften wie zum Beispiel eine Familie zu gründen oder sich in Vereinen und Parteien zu organisieren sowie das kulturelle und politische Leben der Gesellschaft mitzugestalten. Auch die Erfüllung der Grundbedürfnisse gehört zu den Menschenrechten (vgl. Humanrights.ch 2022).

Die heute geltenden Menschenrechte sind durch verschiedene Rechtssysteme auf ganz unterschiedlichen Ebenen festgelegt. Dazu gehören auf internationaler Ebene das Menschenrechtssystem der Vereinten Nationen, zu dem die Allgemeine Erklärung der Menschenrechte (AEMR) und zahlreiche Konventionen, z. B. die Kinderrechtskonvention oder die Anti-Rassismus-Konvention, gehören. Des Weiteren bestehen regionale Menschenrechtsabkommen wie die Amerikanische Menschenrechtskonvention, die Afrikanische Banjul Charta und der Menschenrechtsschutz in Europa, zu dem die Europäische Menschenrechtskonvention (EMRK), die Europäische Sozialcharta sowie verschiedene Abkommen gegen Gewalt und Ungleichbehandlung gehören.

Im Verständnis von Sozialer Arbeit als Menschenrechtsprofession sind die Menschenrechte ihr Fundament. Dies zeigt sich besonders an der Erweiterung des Doppel- zum Trippelmandat. Bereits seit den 1970er Jahren bestand ein allseits geteiltes Verständnis darüber, dass es sich beim sogenannten beruflichen „Doppelten Mandat" um ein zentrales Strukturmerkmal aus der Hilfe für die Adressat*innen und dem Kontrollauftrag der gesellschaftlichen Instanz handelt. Um dem Anspruch einer Profession gerecht zu werden, muss(te) sich das Doppelmandat zu einem Trippelmandat erweitern. Das bedeutet, die professionelle Soziale Arbeit stützt sich seither zum einen auf wissenschaftliche Erkenntnisse, zum anderen bezieht sie sich im Hinblick auf die Menschenrechte auf einen international und national geteilten Ethikkodex und das damit einhergehende Verständnis von (sozialer) Gerechtigkeit. Dadurch ergibt sich gleichzeitig ein

Bezugsrahmen für die Soziale Arbeit und die Frage, ob Soziale Arbeit von Haus aus politisch ist oder nicht, erübrigt sich.

Aufgabe 4:
Bitte geben Sie Ihr eigenes Verständnis von Sozialer Arbeit wieder. Orientieren Sie sich dabei an gegenwärtigen oder historischen Gegenstandbestimmungen/Ansätzen und stellen Sie einen Bezug zu Ihrem Verständnis von sozialer Gerechtigkeit her.

Bei der obigen Aufgabe handelt es sich zugleich um eine Klausurfrage, die ich im Rahmen einer Vorlesung mit dem Titel „Angewandte Theorien" im dritten Semester im BA-Studiengang „Soziale Arbeit" gestellt habe. Die beiden nachfolgenden exemplarischen Antworten verdeutlichen, wie selbstverständlich der Bezug zu den Menschenrechten für angehende Sozialarbeiter*innen ist.

Studentin A:
„Mein Verständnis der Sozialen Arbeit orientiert sich an der Menschenrechtsprofession nach Staub-Bernasconi und der Lebensweltorientierung nach Thiersch. Grundlage für die Soziale Arbeit sind demnach die soziale Gerechtigkeit, die Menschenrechte und die Achtung der Vielfalt. Die Soziale Arbeit sorgt für gesellschaftliche Veränderungen, verbessert das soziale Zusammenleben und stärkt Menschen in ihrer Autonomie und ihrer Selbstbestimmung. Sie orientiert sich dabei an der Lebenswelt der Adressat*innen und versucht, die Lebensverhältnisse zu verbessern.

Die Soziale Arbeit ist nicht nur eine praxisorientierte Profession, sondern auch eine eigenständige wissenschaftliche Disziplin, welche einen Reflexions- und Orientierungsrahmen für die Praxis bildet.

Eine wichtige Grundlage ist außerdem die kritische Reflexion mit anderen professionell Tätigen sowie das politische Mandat der Sozialen Arbeit, dass sie dafür nutzen soll, soziale Missstände aufzuzeigen und zu kritisieren."

Studentin B:
„Ich verstehe Soziale Arbeit als eine gesellschaftliche Aufgabe, die durch die modernen brüchigen Verhältnisse immer wichtiger wird. Wie Staub-Bernasconi betrachte auch ich Soziale Arbeit als Menschenrechtsprofession,

denn die Wahrung und Förderung der Menschenrechte sollte oberstes Prinzip sein, wenn man mit Menschen arbeitet. Auch sehe ich den Gegenstand der Sozialen Arbeit vor allem in sozialen Problemen. Diese sind meist der Grund, weshalb Soziale Arbeit tätig wird oder werden muss. Wenn man das jedoch mit Thiersch verbindet und als Gegenstand auch noch die Lebenswelt der Adressat*innen dazu nimmt, entfaltet sich ein weiterer Bereich, der auch die Prävention und Integration im Sinne Thierschs miteinbezieht. So ist soziale Gerechtigkeit bzw. die Herstellung und Förderung dieser eine zentrale Aufgabe der Sozialen Arbeit und zum Teil auch ihre Legitimation."

3.1.2 Menschenrechtsverletzungen durch Machtstrukturen

Menschenrechte bieten selbst in demokratischen Staaten keinen Schutz vor Übergriffen. Gesellschaftlich und kulturell-historisch betrachtet sind Menschenrechtsverletzungen erlebte Unrechts- und Machtlosigkeitserfahrungen von Menschen beim Versuch, sich selbst vermeintliches Recht zu verschaffen. Sie verweisen auf bestehende Macht- und Abhängigkeitskonstellationen, die sich nicht so leicht mittels Aktivierung, Selbstermächtigung oder Selbstwirksamkeit auflösen lassen. In Anlehnung an Staub-Bernasconi (2007) zeigen sich die von Menschen gemachten und institutionalisierten sozialen Regeln oder Normen der Machtstrukturierung in Form von Diskriminierungen wie Privilegierung, Herrschaft, Klassismus, Sexismus, Rassismus oder ferner Verfahrenswillkür. Machtstrukturen spielen also eine wichtige Rolle, wenn es um Unrechtserfahrungen geht.

Aufgabe 5:
Lesen Sie sich zunächst die Fallvignette „Frau K." durch:

Stellen Sie sich vor, Sie sind Sozialarbeiter*in in einer psychiatrischen Klinik. Sie haben mitbekommen, dass Frau K. (43 Jahre) gegen ihren Willen in das Krankenhaus eingewiesen wurde. Ihr Ehemann ist völlig aufgelöst. Er kommt zu Ihnen und berichtet, dass er gestern mit seiner Frau aufgrund von Kreislaufschwierigkeiten ins Krankenhaus gefahren sei. Dort wurde sie mit einem Mal von zwei Pfleger*innen mitgenommen und in die Psychiatrie gefahren. Niemand habe mit ihm geredet. Seine Frau sei völlig verzweifelt und vorher noch nie wegen psychischer Auffälligkeiten in Behandlung gewesen. Nun habe sie einen richterlichen Beschluss für eine geschlossene psychiatrische Unterbringung erhalten. Herr K. fühlt sich ohnmächtig und bittet Sie um Hilfe.

Um einen ersten Überblick über die Vielschichtigkeit der Situation in einer Psychiatrie zu bekommen, führen Sie eine Machtanalyse durch. Nutzen Sie dabei das Fallbeispiel als Impulsgeber, um darauf aufbauend nachfolgende Fragen zu beantworten:

1. Welche Machtstrukturen können in diesem Arbeitsfeld hinderlich sein?
2. Welche Machtstrukturen können in diesem Arbeitsfeld förderlich sein?
3. Über welche Machtquellen verfügen die Sozialarbeiter*innen vor Ort, die sie einsetzen können, sodass mehr soziale Gerechtigkeit entsteht?
4. Über welche Machtquellen verfügen die Adressat*innen?
5. Durch welche Werte ist die Macht der Psychiatrie legitimiert?

Sichtbar wird die enge Verbindung von Menschenrechten und Machtstrukturen. Macht ist ein vielschichtiger Begriff, der im Rahmen des Studiums der Sozialen Arbeit und auch im Praxisfeld immer wieder aufgegriffen und diskutiert werden sollte. Was meint nun die Bezeichnung „Macht"?

Allgemein gesprochen handelt es sich bei Macht um ein Kräfteverhältnis und das Ergebnis von sozialen Beziehungen, das sich in sozialen Systemen über die Interaktion von Individuen widerspiegelt. Viele unterschiedliche Theoretiker*innen haben sich mit dem Thema Macht auseinandergesetzt. Die wohl bekannteste Definition stammt von Max Weber. „Macht bedeutet jede Chance, innerhalb einer sozialen Beziehung den eigentlichen Willen auch gegen Widerstreben durchzusetzen, gleichviel worauf diese Chance beruht" (Weber 1980, S. 28). Webers Begriff der Macht fokussiert die Beziehung zwischen Mächtigen und Unterworfenen. Den Unterschied zur Herrschaft sieht er darin, dass Macht in sozialen Beziehungen in einer bestimmten Situation auftritt, während es sich bei der Herrschaft um eine manifestierte Form der Macht, bei der es um Befehl und Gehorsam geht, handelt. Andere Ansätze fokussieren nicht die Beziehung zwischen Mächtigen und Mindermächtigen, sondern vielmehr den Zweck dieser Beziehungen nach außen. Hier kommt Hannah Arndt eine besondere Bedeutung zu. Sie ist die erste Frau, die eine Machttheorie beisteuerte: „Macht entspringt der menschlichen Fähigkeit, nicht nur zu handeln oder etwas zu tun, sondern sich mit anderen zusammenzuschließen und im Einvernehmen mit ihnen zu handeln" (Arndt 2000, S. 45). Daraus ergibt sich, dass über die Macht niemals nur eine einzelne Person verfügt, sondern sie immer im Besitz einer Gruppe ist und auch nur so lange existent bleibt, wie die Gruppe zusammenhält.

Für das Arbeitsfeld der Psychiatrie ist Michel Foucault spätestens seit seinem Werk „Wahnsinn und Gesellschaft" (1973) besonders relevant. Er entwirft weniger eine Theorie der Macht, da er weder ein geschlossenes System entwickelt noch universelle Aussagen über das Wesen der Macht trifft. Vielmehr interessiert er sich für eine historisch und kulturell konkrete Analyse der Machtverhältnisse in der Moderne. Er unterscheidet repressive von produktiven Machtkonzeptionen. Die repressive Macht wird nach Foucault ausschließlich negativ ausgelegt. Mit ihr werden u. a. Begriffe wie Gesetze, Verbote, Zensur und Zwang assoziiert. Mit der produktiven Machtbestimmung möchte Foucault die Vorgänge analysieren, wie Macht funktioniert. Dabei beschäftigt ihn immer wieder die Frage, was dazu führt, dass Menschen die Macht anerkennen, ihr folgen und Freude an ihr haben.

Neben Philosoph*innen und Soziolog*innen haben sich auch Theoretiker*innen der Sozialen Arbeit mit Machtfragen beschäftigt. Hier kommt Staub-Bernasconi eine herausragende Stellung zu. Sie bezeichnet Macht als

> „eine soziale Beziehung zwischen mindestens zwei Individuen, die in einem unmittelbaren oder über soziale Regeln vermittelten sozialen Über- und Unterordnungs-/Unterwerfungsverhältnis stehen. Macht wird von Menschen über andere Menschen direkt (Einfluss, Gewalt) oder indirekt als Mitglieder von Familien, politischen Gemeinwesen, Organisationen, Nationen und ihren sozialen Regeln ausgeübt und bei deren Verletzung ihre Einhaltung mittels negativer Sanktionen erzwungen." (Staub-Bernasconi 2014, S. 370)

Als Ausgangspunkt ihrer Machttheorie nutzt sie die von Menschen gemachten Unrechtserfahrungen. Nicht Macht an sich, sondern ihre jeweilige Struktur wird infrage gestellt.

Wie entsteht nun aber Macht? Hierfür gibt es im Großen und Ganzen drei Erklärungslinien: Das Knappheitstheorem, das Theorem der organisationalen Überlegenheit sowie das Bedürfnis- und Abhängigkeitstheorem.

- Nach dem *Knappheitstheorem* entsteht Macht aufgrund einer realen oder künstlich herbeigeführten Ressourcenknappheit (vgl. Staub-Bernasconi 2014).

Personen, die über diese Ressourcen verfügen, können diese als Machtquelle nutzen, z. B. in dem ein gesetzlicher Betreuer das Taschengeld seiner zu betreuenden Person verknappt oder wenn Patient*innen die Zigaretten in der Psychiatrie zugeteilt werden.

- Das *Theorem der organisationalen Überlegenheit* geht auf Heinrich Popitz (1992) zurück. Er hat drei Prozesse der Machtbildung beschrieben. Dabei zeigt er auf, wie dank der Organisationsfähigkeit klug kooperierender Akteur*innen anfänglich minimale Besitz-, Kompetenz- oder Sanktionsvorsprünge zu Machtquellen werden können.
- Nach dem *Bedürfnis- und Abhängigkeitstheorem* hingegen hängt Macht von der Bedürfnislage derjenigen ab, über die Macht ausgeübt werden soll. Daraus ergibt sich die Schlussfolgerung: Wer keine Bedürfnisse und Wünsche hat, über den kann keine Macht ausgeübt werden! Allerdings sind wir für unsere Bedürfnisbefriedigung auf andere Menschen angewiesen. Macht besteht darin, dass die Ansprüche anderer nur minimal befriedigt oder erfolgreich abgewehrt werden (vgl. Obrecht 2009).

Gemeinsam ist diesen Ansätzen, dass sie beim Individuum mit seinen Bedürfnissen, Wünschen und Ressourcen sowie seiner Organisationsfähigkeit ansetzen. Allerdings verfügen die Individuen über unterschiedliche Zugänge zu ökonomischen und sozialen Ressourcen sowie zu Teilsystemen in einer Gesellschaft.

Macht an sich ist weder etwas Gutes noch etwas Schlechtes, sondern abhängig von der Art der Regeln mit denen Ressourcen verteilt, die Arbeitsteilung geregelt, Ideen und Werte legitimiert und gewählt werden. Um Einfluss über andere Menschen ausüben zu können, bedarf es einer Ressourcenüberlegenheit in Form von Machtquellen: Angefangen bei physischer Macht (wie Gewalt, aber auch viele Körper im Zusammenhang mit Demonstrationen, Streiks) und ökonomischer Macht (Kapital, Einkommen, Großgrundbesitz) über Beziehungsmacht bis hin zur Organisationsmacht (Position einer Person innerhalb einer Institution). Dabei ist auch die wissensmäßige Macht nicht zu vergessen (vgl. Krieger 2014).

Um Machtstrukturen zu verändern, muss die Profession Soziale Arbeit zunächst die Frage beantworten, auf welcher wissenschaftlichen und ethischen Basis sie ihre Urteile über Recht und Unrecht gründet. Als Orientierung schlägt Staub-Bernasconi, wie bereits am Anfang des Kapitels erwähnt, vor, dieses entlang der Prinzipien der Menschenrechte und sozialen Gerechtigkeit zu tun. In diesem Sinne erweitert sie das Doppelmandat um das Tripelmandat: Neben einer Hilfefunktion für die Adressat*innen und einer gesellschaftlichen Kontroll- und Normalisierungsfunktion (vgl. Böhnisch/Lösch 1973) legt sich die Profession Soziale Arbeit selbst eine ethische Verpflichtung auf, um ihre Bewertungen und Interventionen auf Grundlage der Menschenrechte auszuüben.

3.1.3 Soziale Gerechtigkeit

Die Menschenrechte bilden die Grundpfeiler sozialer Gerechtigkeit. Für ihre Umsetzung ist der Sozialstaat verantwortlich. Soziale Gerechtigkeit bedeutet (im Sozialstaat), dass die Lebensbedingungen, Chancen und Möglichkeiten für alle Menschen in einer Gesellschaft annähernd gleich sein sollen. Becker und Hauser (2009) haben das „magische Viereck" sozialer Gerechtigkeit entwickelt. Dieses besteht aus den Teilzielen Chancengleichheit, Leistungsgerechtigkeit, Bedarfsgerechtigkeit und Generationengerechtigkeit:

- Ein wesentlicher Aspekt sozialer Gerechtigkeit ist in der *Chancengerechtigkeit* zu sehen, also darin, dass jeder Mensch die gleichen Chancen für eine selbstbestimmte Lebensgestaltung erhält. Hier wird der Fokus häufig auf den Start ins Leben, auf den Start ins Bildungs- und Ausbildungssystem oder auf den beruflichen Einstieg gelegt. Während der Idealzustand von Chancengerechtigkeit auf absolute Gleichheit abzielt, sieht es bei der Leistungsgerechtigkeit anders aus.
- Ausgangslage sind bei der *Leistungsgerechtigkeit* ungleiche Leistungen von Individuen, frei nach dem Motto „Was jemand bekommt, soll sich nach seiner/ihrer Arbeitsleistung richten". Die Leistungsgerechtigkeit bezieht sich aber nicht nur auf das Markteinkommen, sondern auch auf das Sozialversicherungssystem. So sind beispielsweise die monetären Transfers der gesetzlichen Rentenversicherung nach dem Äquivalenzprinzip gestaltet, das bedeutet, es geht um die Gleichwertigkeit von Leistungen und Gegenleistungen. Die Konkretisierung des Ziels der Leistungsgerechtigkeit herzustellen, ist umstritten, wird am häufigsten aber dem Marktgeschehen überlassen.
- Bei der *Bedarfsgerechtigkeit* geht es um die Verteilung von Gütern oder Einkommen innerhalb einer Gesellschaft, die dann als gerecht betrachtet wird, wenn sie den Bedürfnissen der jeweiligen Gesellschaftsmitglieder entspricht. So können beispielsweise Bedarfe bestehen, wie bei Krankheit, Behinderung oder Arbeitslosigkeit, die durch Einkommenserzielung nicht gedeckt werden können und die das Ziel der Bedarfsgerechtigkeit ohne staatliche Hilfe gefährden würden.

- Der Begriff der *Generationengerechtigkeit* verfolgt hingegen das Ziel, eine Generation nicht schlechter als die Vorhergehende und die Zukünftigen zu stellen. Damit bezieht er sich darauf, dass in einer Gesellschaft immer drei Generationen (eine junge Generation, eine mittlere Generation und eine alte Generation) leben. Junge und alte Menschen müssen demnach einen Weg finden, Ressourcen, Lasten und Pflichten fair zu verteilen. Dabei soll die Relation von Leistung und Gegenleistung in jeder Alterskohorte gleich sein. Beispiele hierfür sind u. a. der Umweltschutz und der Klimawandel.

Wenn es um soziale Gerechtigkeit geht, wird zugleich auch immer das enge (Wechsel-)Verhältnis von Sozialstaat und Sozialer Arbeit angesprochen. Schrödter (2007) bringt es treffend auf den Punkt. Für ihn ist Soziale Arbeit als Profession durch ihre Ausrichtung an der Idee der sozialen Gerechtigkeit legitimiert. Sobald Soziale Arbeit nicht mehr die Idee der sozialen Gerechtigkeit verfolgt, verliert sie ihre Existenzberechtigung. Sie ist dann durch andere institutionalisierte Tätigkeitsformen ersetzbar bzw. geht in diesen auf. Somit kann in Anlehnung an Böhnisch, Schröer und Thiersch (2005, S. 251) soziale Gerechtigkeit für die Soziale Arbeit als „Gerechtigkeit des Zugangs […] [,] also als Arbeit an der Schaffung gerechter Zugänge zu Ressourcen der Lebensgestaltung wie zur Erreichung gesellschaftlich anerkannter Ziele und Integrationswege“ definiert werden.

Aufgabe 6:
Überlegen Sie nun, über welche Fertig- und Fähigkeiten ein*e Sozialarbeiter*in, der/die sich am Prinzip sozialer Gerechtigkeit orientiert, aus Ihrer Sicht verfügen sollte?

Um für eine gerechte Praxis Sorge zu tragen, sollten Sozialarbeiter*innen – in Anlehnung an die von der IFSW und IASSW (2004) herausgegebenen ethischen Prinzipien der Sozialen Arbeit – über entsprechendes Handwerkszeug verfügen. Zu den Inhalten des Werkzeugkoffers sollte auf jeden Fall gehören:

- *Negativer Diskriminierung entgegenzutreten* (Art. 2 der Menschenrechtserklärung). Damit ist gemeint, dass Sozialarbeiter*innen die Pflicht haben, negativer Diskriminierung aufgrund von Alter, Kultur, Geschlecht, Familienstand, sozioökonomischem Status, politischer Überzeugung, Hautfarbe, Rasse oder anderer körperlicher Gegebenheiten, sexueller Orientierung oder spiritueller Überzeugung entgegenzuwirken.

- *Verschiedenheit anzuerkennen.* Wie es auch aus der internationalen Definition von Sozialer Arbeit hervorgeht, müssen Sozialarbeiter*innen sowohl die ethnischen als auch die kulturellen Unterschiede von Gesellschaften, in denen sie arbeiten, unter Beachtung der Unterschiede von Einzelnen, Gruppen und Gemeinschaften, anerkennen und respektieren.
- *Ungerechte politische Entscheidungen und Praktiken zurückzuweisen* (Art. 6, Art. 7, Art. 8 der Menschenrechtserklärung). Wenn Sozialarbeiter*innen auf Unzulänglichkeiten bei der Verteilung von Mitteln durch Verordnungen in der Praxis stoßen, die für andere ungerecht oder schädlich sind, haben sie die Pflicht, ihre Arbeitgeber*innen, Gesetzgeber*innen, Politiker*innen und die Allgemeinheit darauf aufmerksam zu machen.
- *Solidarisch zu arbeiten.* Sozialarbeiter*innen tragen die Verantwortung, sozialen Bedingungen entgegenzutreten, die zu sozialem Ausschluss, Stigmatisierung oder Unterdrückung führen.

3.2 Aktivierender Sozialstaat und Soziale Arbeit

Seit den 1990er Jahren ist der „aktivierende Sozialstaat" zum Leitbild für die Modernisierung von Staat und Verwaltung in Deutschland geworden. Weil die Soziale Arbeit in die unterschiedlichen staatlichen Institutionen eingebunden ist, wird sie stark durch die Sozialpolitik beeinflusst. So werden von staatlicher Seite nicht nur die zu bearbeitenden Probleme und Ziele definiert, sondern auch Mittel zur Bearbeitung der Problemlagen zur Verfügung gestellt. Hierdurch erhält die Soziale Arbeit zugleich auch wirtschaftspolitisch motivierte Aufgaben (vgl. Olk 1986).

Um zu ergründen, an welchem Gerechtigkeitskonzept sich Deutschland als aktivierender Sozialstaat orientiert, ist es sinnvoll, sich zunächst mit den verschiedenen Typen von Wohlfahrtsstaaten im Hinblick auf ihre Gemeinsamkeiten und Unterschieden zu befassen, um dann zu den Gerechtigkeitsbezügen zu gelangen.

Exkurs: Typen von Wohlfahrtsstaaten

Zunächst können die einzelnen Staaten verschiedenen Gruppen zugeordnet werden, wobei es sich bei den meisten Staaten um Misch- und nicht um Reinsysteme handelt. Eine der bekanntesten Unterscheidungen stammt von Esping-Andersen (1990). Er unterscheidet drei Typen von Wohlfahrtsstaaten: den liberalen, den konservativen und den sozialdemokratischen Wohlfahrtsstaat.

Der *liberale (oder angelsächsische) Typ des Wohlfahrtsstaates* fokussiert insbesondere die Rolle des freien Marktes und der Familie. Er ist überwiegend steuerfinanziert, Transferleistungen sind in der Regel bedürftigkeitsgeprüft. Entsprechend bezieht sich die Wohlfahrtsstaatlichkeit auf die Sicherung eines Existenzminimums, das genau überprüft wird. Die soziale Sicherung bleibt in hohem Maße der Eigenverantwortung der Bürger*innen überlassen. Die Anspruchsvoraussetzungen sind streng und die Leistungen sind niedrig. Beim liberalen Wohlfahrtsstaat gilt Freiheit als wesentlicher Wertbezug und das Leistungsprinzip als Hauptverteilungsprinzip des Wohlstands. Beispiele für diesen Typ sind die USA, Kanada, Großbritannien und Australien.

Sozialdemokratische Wohlfahrtsstaaten übernehmen in hohem Maße die Verantwortung für die Wohlfahrt und Versorgung der Bürger*innen und sind durch universelle Leistungen gekennzeichnet. Universell bedeutet, dass die Sozialleistungen ohne Bedarfsprüfung für alle gelten. Gleichheit wird angestrebt, indem Wohlstand und Risiken zwischen arm und reich in stärkerem Maße umverteilt werden, als es in anderen Sozialstaatstypen der Fall ist. Dadurch wird ein Abbau sozialer Ungleichheit vorangetrieben. Die Anspruchsgrundlage bilden soziale Bürgerrechte. Die Leistungen werden überwiegend aus relativ hohen Steuern finanziert und treiben die Dekommodifizierung voran. Beispiele für diesen Typ sind die skandinavischen Länder, wie Schweden, Norwegen, Dänemark und Finnland.

Die *konservativen Wohlfahrtsstaaten* sind durch das sogenannte „Bismarcksche Sozialversicherungsmodell" geprägt. Hier stehen Versicherungsleistungen im Vordergrund. Entsprechend sind Höhe und Dauer von Sozialleistungen abhängig von den vorher geleisteten Beiträgen. Der Grad der Dekommodifizierung hängt weitgehend von der Stellung auf dem Arbeitsmarkt ab. Bei konservativen Wohlfahrtsstaaten kommt das

Leistungs- und das Ausgleichsprinzip zum Tragen. Leistungszentrierte Verteilungsprinzipien des Marktes werden vorrangig verfolgt, zusätzlich greift der Staat, abhängig von der jeweiligen Bedürftigkeit, mittels umverteilender und unterstützender Maßnahmen ein. Die umverteilende Wirkung von Sozialleistungen ist bei diesem Typ gering. Beispiele für diesen Typ sind Länder wie Deutschland, Frankreich und Österreich (vgl. Heßler 2012, Oschmiansky/Berthold 2020).

In Deutschland gilt die Sicherung des soziokulturellen Existenzminimums als sozialethische Grundnorm des Sozialstaats. So hat das Bundesverfassungsgericht aus Art. 1 Abs. 1 und Art. 20 Abs. 1 Grundgesetz, also der Menschenwürde und dem Sozialstaatsprinzip, einen Anspruch für Hilfebedürftige auf Gewährleistung eines menschenwürdigen Existenzminimums abgeleitet. Neben der physischen Existenz soll auch ein Minimum an Teilhabe am gesellschaftlichen, kulturellen und politischen Leben sichergestellt werden.

Aufgabe 7:
Die drei Typen des Wohlfahrtsregimes lassen sich mit den in Kapitel 3.1.3 genannten Teilzielen im Sinne des „magischen Vierecks" sozialer Gerechtigkeit (Chancengleichheit, Leistungsgerechtigkeit, Bedarfsgerechtigkeit und Generationengerechtigkeit) verbinden. Welches Gerechtigkeitskonzept würden Sie für konservative Wohlfahrtsstaaten, zu denen auch Deutschland zählt, zugrunde legen?

Jedes der Gerechtigkeitskonzepte hat seine Berechtigung. Problematisch wird es erst, wenn sie zu einseitig ausgelegt werden. Während für Deutschland, also für konservative Wohlfahrtsstaaten, vordergründig das Bedarfsgerechtigkeitskonzept zum Tragen kommt, steht im Liberalismus die Leistungsgerechtigkeit und in der Sozialdemokratie die Verteilungsgerechtigkeit im Mittelpunkt.

Wie kommt nun die soziale Gerechtigkeit in die Soziale Arbeit? Die enge Verwobenheit zwischen Staat und Sozialer Arbeit wird allein daran sichtbar, dass Soziale Arbeit selbst nicht bestimmen kann, wann sie tätig werden muss. Vielmehr erkennt der Staat bestimmte Bedürftigkeitslagen an, bei denen soziale Probleme Ausgangspunkt sozialarbeiterischer Interventionen sind. Daraus ergibt sich, dass soziale Probleme gesellschaftlich normiert sind und dementsprechend auch wandelbar.

In der Regel beauftragt der Staat nicht-staatliche Institutionen mit der Erbringung sozialarbeiterischer Unterstützungsleistungen und übernimmt hierfür die Kosten. Aufgrund dieser engen Verwobenheit ist die Entscheidungs- und Wahlfreiheit relativ begrenzt. Sozialarbeiter*innen wird folglich größtenteils vorgegeben, unter welchen Bedingungen Menschen Unterstützung in Anspruch nehmen können, was hilfeauslösende Bedarfe sind und welche Leistungen mit welchen Zielen, welchem Aufwand und welchen Mitteln in Anspruch genommen werden können. Der Gerechtigkeitsbezug der Sozialen Arbeit muss also schon bei diesen Vorgaben zum Tragen kommen. Soziale Probleme müssen benannt und ihre Unterstützungsformen aufgezeigt werden. Es muss also bereits im Vorfeld der Hilfeerbringung geprüft werden, was gerecht und ungerecht ist.

„Die Bedeutung der Sozialen Arbeit für die soziale Gerechtigkeit entscheidet sich letztlich in diesen öffentlichen Debatten – und damit außerhalb der Sozialen Arbeit selbst“ (Möhring-Hesse 2010, S. 14). Denn um an normativen Prozessen der Sozialen Arbeit mitzuwirken, bedarf es nicht nur der Einmischung von Berufsverbänden, sondern auch von Einrichtungen und den Trägern selbst. Entsprechend sollten, um der Gerechtigkeitsidee in der Praxis nachzukommen, nicht nur die Interessen der professionell Helfenden, der Einrichtungen und der Träger vertreten werden, sondern und vor allem auch die Interessen der Adressat*innen selbst.

3.2.1 Soziale (Un-)Gleichheit und (Un-)Gerechtigkeit

Der modernen Sichtweise auf heutige Gerechtigkeitskonzepte liegt ein modernes Verständnis von sozialer Ordnung zugrunde, dass nicht naturgegeben, sondern veränderbar ist. Eng verbunden mit der Vorstellung von sozialer Gerechtigkeit sind die unterschiedlichen Facetten sozialer Ungleichheit. Sie beschreiben die Tatsache, dass eine Gruppe von Menschen innerhalb einer Gesellschaft über weniger bestimmte Ressourcen und Verwirklichungsmöglichkeiten verfügt als andere. Soziale Ungleichheit entsteht also durch eine unterschiedliche Verteilung von Gütern und Ressourcen, die infolgedessen zu verschiedenen Lebenslagen mit besseren oder schlechteren Lebens- und Verwirklichungschancen führen. Dabei können die Güter und Ressourcen sowohl monetär, wie Einkommen und Vermögen, als auch immateriell, wie Bildung und Rechte, sein. Daneben kann sich soziale Ungleichheit deutlich in strukturellen Unterschieden, die vor allem mit bestimmten Personenmerkmalen, wie sozialer Herkunft, Geschlecht, ethnischer Zugehörigkeit und Erwerbspositionen, verknüpft sind, zeigen.

Es können zwei Formen sozialer Ungleichheit unterschieden werden, nämlich die vertikalen und die horizontalen sozialen Ungleichheiten. Zu den vertikalen Dimensionen, in denen sich soziale Ungleichheit zeigt, gehören Besitz, Einkommen, beruflicher Status, Macht und Bildung. Daneben zeigen sich horizontale Ungleichheiten in Freizeit-, Arbeits-, Wohn-, Umwelt- und Gesundheitsbedingungen sowie in der sozialen Sicherheit. Personenbezogene Merkmale wie Alter, Geschlecht, sexuelle Orientierung, ethnische Herkunft, Krankheit und Behinderung können die Teilhabechancen und den Zugang zu Ressourcen bestimmen und damit zu Ungleichheitsfaktoren werden.

Um die Sozialstruktur einer Gesellschaft zu analysieren und damit auch die jeweilige Sicht auf die Ursachen und Merkmale von sozialer Ungleichheit zu lenken, gibt es vier Ansätze: das Modell der sozialen Schichten und Klassen, das Modell der sozialen Lagen, das Modell der sozialen Milieus und das Modell der Exklusion und Inklusion (vgl. Geißler 2014a):

- *Modelle der sozialen Schichten und Klassen* fassen in der Regel Menschen zu einer Klasse oder Schicht zusammen, die sich in einer ähnlichen sozioökonomischen Situation befinden. Hiermit sind ebenfalls ähnliche Lebenserfahrungen und ähnliche Persönlichkeitsmerkmale wie Einstellungen, Wertorientierungen, Bedürfnisse, Interessen oder Mentalitäten sowie ähnliche Lebenschancen und Lebensrisiken verbunden. Schichtmodelle berücksichtigen vor allem vertikale soziale Ungleichheiten, sind aber weniger offen für horizontale Ungleichheiten.
- *Modelle der sozialen Lage* berücksichtigen neben vertikalen zugleich auch horizontale Ungleichheiten.
- *Milieuansätze* gruppieren hingegen Menschen nach sogenannten subkulturellen Einheiten, also nach Unterschieden in ihren Wertorientierungen und Lebensstilen. Soziale Milieus umfassen Menschen, die sich in ihren Lebensauffassungen und ihrer Lebensweise ähneln.
- *Modelle der Exklusion und der Inklusion* betrachten hingegen nicht die vertikale oder die horizontale Aufteilung der Gesellschaft in oben, Mitte und unten. Vielmehr sind die beiden Pole drinnen und draußen von Bedeutung, also, wer inkludiert oder exkludiert ist. Soziale Ungleichheit wird nicht als Ungleichheit zwischen verschiedenen Geschlechtern, Schichten oder ande-

ren Gruppen begriffen, sondern es geht um eine Spaltung der Gesellschaft in Zugehörige und Ausgeschlossene.

In der deutschen Wissenschaftsgemeinschaft wird kontrovers darüber diskutiert, ob das Denken in Klassen und Schichten noch zeitgemäß ist oder nicht. Denn durch gesellschaftliche Modernisierungsprozesse, wie beispielsweise den Anstieg des Lebensstandards, die Pluralisierung der Lebensstile und die zunehmende Mobilisierung, scheint es sich aufgelöst zu haben. Zu den Anhänger*innen der Auflösungsthese gehören vor allem Ulrich Beck (1986) und Gerhard Schulze (1993). Zu ihren Kritiker*innen zählen Michael Vester (1993/2001) und Rainer Geißler (1992/2014).

Weil die Profession Soziale Arbeit für mehr soziale Gerechtigkeit sorgen möchte, hat sie sich den Abbau sozialer Ungleichheiten zum Ziel gesetzt. Denn die Chancen auf die Teilhabeverwirklichung sind nicht für alle Menschen gleich. Unterschiedliche Beeinträchtigungen können die Handlungsspielräume einengen, z. B durch gesundheitliche Einschränkungen, schwierige Wohnverhältnisse, Arbeitslosigkeit, geringe Bildung oder kaum vorhandene persönliche Netzwerke. So befinden sich viele der Adressat*innen Sozialer Arbeit in sogenannten Multiproblemsituationen, das bedeutet, dass beispielsweise zu einer gesundheitlichen Beeinträchtigung zusätzlich finanzielle Einbußen, eingeschränkte soziale Kontakte und eine desolate Wohnsituation hinzukommen können.

Aufgabe 8:
Lesen Sie sich zunächst die nachfolgende Fallvignette durch.

Sie haben gerade mit Ihrer Tätigkeit als Sozialarbeiter*in im Ambulant Betreuten Wohnen für psychisch erkrankte Menschen begonnen. Ihr Kollege Hans nimmt Sie sogleich mit zu Ihren beiden neuen Adressat*innen. Als erstes fahren Sie gemeinsam zu Diego.

Diego, 35 Jahre, lebt in einer kleinen Einzimmerwohnung in der Nähe von Merseburg. Seit Geburt an ist er stark sehbeeinträchtigt, hinzu kam mit 24 Jahren die Diagnose „Schizophrenie". Diego ist seit fünf Jahren frühberentet und bezieht Grundsicherung. Er hat keinen Kontakt zu seiner Familie. Eine Liebesbeziehung hatte er bisher nur einmal in seiner Jugendzeit. Er ist gelernter Tierpfleger. Aufgrund von Isolation und fehlender Tagesstruktur, nimmt er zusätzlich das Angebot der Tagesstätte in Anspruch.

Eine Verlängerung wurde vom Kostenträger nicht bewilligt. Er wünscht sich einen kleinen Hund, hat aber Angst vor den zusätzlichen Kosten. Seit einiger Zeit geht er auch nicht mehr zum Fußball, weil er sich von den Mitspieler*innen nicht akzeptiert fühlt. Sowohl die Kosten der Tagesstätte als auch die Kosten des Ambulant Betreuten Wohnens werden im Rahmen der Eingliederungshilfe vom zuständigen Sozialhilfeträger übernommen. Als nächstes lernen Sie Heike kennen.

Heike, 28 Jahre, ist verheiratet und hat eine Tochter. Nach ihrem Abitur hat Heike Soziale Arbeit studiert. Sie arbeitet in Teilzeit als stellvertretende Leiterin einer Beratungsstelle. Sie hat ein Einkommen in Höhe von 2000 Euro. Sie treibt viel Sport und geht gern ins Theater. Gemeinsam mit ihrem Mann und ihrer Tochter lebt sie in einem kleinen Häuschen in Halle. Seit dem Tod ihrer Mutter hat sie immer wieder depressive Episoden, weshalb sie als Selbstzahlerin das Ambulant Betreute Wohnen in Anspruch nimmt. Hierbei handelt es sich um eine aufsuchende Hilfe im häuslichen Umfeld der Nutzer*innen. Eine Fachleistungsstunde kostet inkl. Fahrtkosten 120 Euro.

Beantworten Sie nun bitte folgende Fragen:

1. Ungleichheit heißt unterschiedlich sein: Worin unterscheiden sich Heike und Diego?
2. Welche dieser Unterschiede haben etwas mit der Gesellschaft zu tun und könnten durch die Veränderung der gesellschaftlichen Bedingungen abgebaut werden?
3. Was können Sie als Sozialarbeiter*in konkret für Diego und Heike im Hinblick auf die Förderung sozialer Gerechtigkeit sowohl auf gesellschaftlicher Ebene als auch innerhalb der hieraus resultierenden Lebensverhältnisse tun?

Soziale Arbeit verfolgt das Ziel, Ausgrenzungen entgegenzuwirken. Durch die Förderung von Partizipation und die Stärkung von Ressourcen, Selbsthilfefähigkeiten und Bewältigungsstrategien sollen soziale Benachteiligungen beseitigt und die soziale Teilhabe an der Gesellschaft sowie an gesellschaftlich relevanten Ressourcen für Adressat*innen der Sozialen Arbeit sichergestellt werden. Es geht darum, die Menschen dahingehend gut zu unterstützen, dass sie ein möglichst selbstbestimmtes Leben führen können, für das sie sich selbst aus guten Gründen entscheiden können bzw. entschieden haben. Dabei unterstützt Soziale Arbeit auf der Einzelfallebene bei der Problembewältigung und bei der Erschließung relevanter Ressourcen und setzt sich auf sozialpolitischer Ebene für die Gestaltung und Verbesserung der Rahmenbedingungen für gesellschaftliche Lebensverhältnisse ein. Gleichzeitig muss die Profession Soziale Arbeit darauf achten, dass sie nicht Gefahr läuft, Normierungsprozesse in Gang zu setzen. Das bedeutet, dass sie auf eine Normalisierung und Relativierung von Differenz abzielt.

3.2.2 Vom Welfare zum Workfare: Wer entscheidet über (Un-)Gerechtigkeit?

Die Profession Soziale Arbeit verfolgt nicht nur den Anspruch, sondern hat sich zugleich auch zur Aufgabe gesetzt, für soziale Gerechtigkeit durch den Abbau sozialer Ungleichheiten und Benachteiligungen zu sorgen. Damit bewegt sie sich seit jeher in einem Spannungsfeld: Zum einen steht sie sowohl in der Pflicht einer kritischen Einmischung in soziale Verhältnisse, zum anderen erfüllt sie eine gesellschaftlich relevante Aufgabe und wird durch öffentliche Gelder finanziert.

Aufgabe 9:
Nachdem, was Sie nun über die Profession Sozialer Arbeit wissen, wie würden Sie die nachfolgende Frage beantworten: Wer entscheidet tatsächlich über die Verteilung von Chancen, Gütern und Ressourcen? Wer sichert den Zugang zu Teilhabemöglichkeiten, um soziale Gerechtigkeit zu gewährleisten?

Weil der Staat sozialarbeiterische Angebote finanziert, stellt er letztendlich auch die „Spielregeln“ auf und normiert den Begriff „soziale Gerechtigkeit“. Dabei bezieht sich nach Höblich (2012) das Prinzip der sozialen Gerechtigkeit auf mehr als nur auf den Sozialstaat und seine Aktivitäten. Sie zeige sich vielmehr in den gesetzlichen und institutionellen Arrangements des Sozialstaats. Allerdings hat sich das Leitbild von sozialer Gerechtigkeit durch den Ab- bzw. Umbau des Sozialstaates deutlich verändert. Galt beispielsweise in früheren Zeiten der soziale Ausgleich zwischen gesellschaftlichen Klassen und Schichten als

Ziel sozialstaatlicher Politik, steht heutzutage den Siegertypen „alles", den Leistungsunwilligen hingegen „nichts" zu. Dabei wird die wachsende Ungleichheit innerhalb aller Generationen zunehmend ignoriert. Konzepte der Aktivierung unter dem Motto des „Förderns und Forderns" sind nicht mehr wegzudenken. Butterwegge (2020, S. 6) kommt zu folgender Erkenntnis:

> „Aktivierung ist ein schillernder Begriff, der oft nur die „Aussteuerung", d. h. die Einschüchterung, Abschreckung und Verdrängung von sozial Benachteiligten aus dem Leistungsbezug, meint. Neben dem Ersatz individueller Rechtspositionen durch Pflichten, deren Verletzung mit Strafen geahndet wird, kann man darunter auch eine solidarische Hilfe zur Selbsthilfe verstehen. Das zuerst genannte Deutungsmuster dominiert im öffentlichen Diskurs darüber jedoch eindeutig. Fast immer bedeutet „Aktivierung" eine Disziplinierung der Betroffenen, während die notwendige Solidarisierung mit ihnen dabei auf der Strecke bleibt."

Wie ist es nun aber zum aktivierenden Sozialstaat gekommen? Die Entwicklung geschah vor allem vor dem Hintergrund der ersten wirtschaftlichen Einbrüche im Nachkriegsdeutschland, speziell durch die Ölkrise in den Jahren 1979/80 und 1993. Der Sozialstaat geriet zunehmend in die Kritik. Steigende Sozialausgaben wurden als Bedrohung für die Gesellschaft und das nötige Wirtschaftswachstum gesehen, sodass neoliberale Theorien auf eine breite Resonanz stießen. Tiefgreifende Einschnitte in das soziale Sicherungssystem sowie ein grundlegender Ab- und Umbau des Sozialstaats waren in Deutschland die Folge (vgl. Seithe 2010).

Durch die parallel fortschreitende Globalisierung wurden die Forderungen nach einer auf einen flexiblen Arbeitsmarkt hin orientierten Sozialpolitik lauter, um im internationalen Standortwettbewerb mithalten zu können. Mit der aktivierenden Sozialpolitik kam auch der Wunsch, die Eigenverantwortung der Bürger*innen zu stärken, auf. Seitdem erfolgt ein spezifischer „Sozialumbau" (Opielka 2003, S. 544), bei dem die Selbstverpflichtung der Bürger*innen auf eine marktkonforme Lebensführung im Zentrum steht. Damit ist gemeint, dass der Staat sich zunehmend aus gesellschaftlich relevanten Bereichen zurückzieht und der*dem Einzelnen unter marktorientierten Aspekten die Selbstverantwortung überlässt. Diese Transformation des Wohlfahrtsstaats zielt darauf ab, die Erwerbs- bzw. Lohnarbeitszentrierung der Sozialpolitik wieder verschärft durchzusetzen (vgl. Gilbert 2002). Das spiegelt sich auch in den Sozialhilfereformen in den USA unter Clinton bis hin zur „Agenda 2010" und „Hartz IV" wider: Diese hatten zunächst das Ziel, dass vor allem sogenannte „welfare mothers", also alleinerziehende Mütter, auf Kosten des Sozialstaats ohne Armut leben können. Durch Aktivierung sollte die Rückkehr in das Arbeitsleben gelingen, wobei das Lohnniveau eher nebensächlich erschien und damit auch die Zugehörigkeit zu den sogenannten „working poor" in Kauf genommen wurde. Eine weitere Folge der Aktivierung war die Exklusion von Menschen, die aufgrund von beispielsweise Krankheit oder Behinderung der am Arbeitsmarkt geforderten Leistung nicht gerecht werden konnten (vgl. Opielka 2005). Kurzum, die steigende Arbeitslosigkeit wurde als Bedrohung für das soziale System betrachtet. Beck (2000, S. 15) bringt es passend auf den Punkt: „Ohne Abbau der Sozialkosten und der Lohn(neben)kosten steigen die Arbeitslosenzahlen; ohne neue Arbeitsplätze aber droht das ganze System der auf Erwerbsarbeit basierenden sozialen Sicherung zusammenzubrechen." Die aktuellen gesellschaftlichen Entwicklungen im Zuge der Coronapandemie sowie des Ukrainekrieges werden die aktuellen Problemlagen noch sichtbarer machen.

3.3 Aktivierende Maßnahmen für vulnerable Zielgruppen

Der Umbau des Sozialstaates nach aktivierenden Prinzipien erfolgte so, dass sich nicht nur die Finanzierung und das Leistungsangebot veränderten, sondern auch die Methoden, wie sozialstaatliche Maßnahmen und Leistungen vergeben werden. Durch die enge Kopplung von Sozialer Arbeit an die Verfassung und damit folglich an gesellschaftliche und politische Veränderungsprozesse, haben sich ihre Aufgaben ebenfalls durch veränderte Problemlagen gewandelt. Allerdings ist die Übernahme aktivierender Strategien im Bereich Sozialer Arbeit bis dato nicht konkret thematisiert worden. Aus diesem Grund sollte sich die Menschenrechtsprofession Soziale Arbeit verstärkt in sozialpolitische Entscheidungen einmischen und einen eigenen Standpunkt finden, um mit den Ambivalenzen, die sich aus dem Umbau des Sozialstaates ergeben haben, professionell umgehen zu können.

Einschneidend und als ein deutliches Zeichen aktivierender Sozialpolitik stellte sich das im Jahr 2005 in Kraft getretene SGB II dar. Dieses regelt die Grundsicherung für Arbeitsuchende und Teile des deutschen Arbeitsförderungsrechts in der Bundesrepublik Deutschland. Weil es sich bei den Adressat*innen oft um Personen handelt, die von wesentlichen Lebensbereichen, wie dem

1. Arbeitsmarkt, ausgeschlossen sind, werden im Folgenden zwei exemplarische Maßnahmen der sozialen Aktivierung für „arbeitsmarktferne" Zielgruppen beleuchtet. Dabei verfolgen Maßnahmen sozialer Aktivierung vordergründig weniger die Vermittlung auf den 1. Arbeitsmarkt, sondern sie setzen vielmehr niedrigschwellig an und möchten Angebote zur Unterstützung der Alltagskompetenz unterbreiten. Sie sind quasi als Vorstufe zur Arbeitsmarktintegration zu betrachten. Zunächst folgt eine Darstellung der rechtlichen Grundlagen, bevor einzelne Projekte und/oder Studienergebnisse genannt werden.

3.3.1 Jugendsozialarbeit – Förderung von schwer zu erreichenden jungen Menschen (U25) nach § 16h SGB II

Bei der nach § 16 SGB II angesprochenen Personengruppe handelt es sich um junge Menschen in schwierigen Lebenslagen, die unterschiedliche Handlungsbedarfe haben. Entsprechend verfolgt der Gesetzgeber bei ihnen verschiedene Ziele. Diese reichen von der Überwindung individueller Schwierigkeiten bis hin zur Unterstützung bei der schulischen, ausbildungsbezogenen oder beruflichen Qualifikation. Dabei richten sich die Angebote an den individuellen Bedürfnissen der jungen Menschen aus. Neben aufsuchenden Hilfen stehen dem angesprochenen Personenkreis sozialpädagogische Beratungs- und Unterstützungsangebote sowie die Heranführung an das Jobcenter zur Verfügung.

Weiterhin bewegen sich die Hilfen des § 16h SGB II nicht nur an der Schnittstelle zu den Leistungen des SGB II (Grundsicherung für Arbeitssuchende) und SGB III (Arbeitsförderung), sondern auch zu den Leistungen nach dem SGB VIII (Kinder- und Jugendhilfe). So sind die Leistungen nach § 16h SGB II nachrangig gegenüber Leistungen nach § 13 SGB VIII zu betrachten. Grundsätzlich sollte der örtliche Träger der öffentlichen Jugendhilfe Leistungen für diese Zielgruppe anbieten. Die Förderung kann als Projektförderung oder durch Beschaffung im Vergabeverfahren durch einen zugelassenen Träger erfolgen. Weil die Maßnahmen aus Eingliederungsmitteln finanziert werden, ist eine enge Zusammenarbeit mit der Kommune als Träger der Jugendhilfe selbstverständlich.

Seit Erlass des § 16h SGB II im Jahr 2016 haben sich zahlreiche Projekte etabliert, wie zum Beispiel das Projekt „Next Level" der Akademie Cottbus und des Jobcenters Cottbus. Es versteht sich als Anlaufstelle und offener Treffpunkt für junge Menschen in besonders schwierigen Lebenslagen und möchte bei der sozialen und beruflichen Integration unterstützen. Um dieses zu erreichen, werden verschiedene Leistungen angeboten: angefangen bei der Begleitung zu Terminen über die Zusammenarbeit mit Netzwerkpartnern bis hin zur Heranführung an das Sozialleistungssystem. Weitere Informationen finden sich auf der Homepage des Projektes (https://www.next-level-cottbus.de/wir/).

Das Institut für Arbeitsmarkt- und Berufsforschung der Bundesagentur für Arbeit (2020) hat von April 2019 bis Oktober 2019 in 15 Jobcenterbezirken und in acht Regionaldirektionen eine Studie zur Umsetzung des § 16h SGB II durchgeführt. Zentrale Erkenntnisse der Erhebung sind, dass durch die Einführung dieses Paragrafen die institutionelle Lücke zwischen dem SGB II und dem SGB VIII geschlossen werden kann. Jugendliche, die vorher keine SGB-Leistungen beansprucht haben, scheinen ebenfalls zunehmend von der Regelung zu profitieren. Insgesamt traten zwischen Dezember 2016 und Mai 2019 bundesweit 5.589 junge Menschen in den Grundsicherungsbezug ein, welche vorher an einer Maßnahme nach § 16h SGB II teilgenommen hatten.

Die Anzahl der 16h-Projekte und die Zahl der erwerbsfähigen Leistungsbezieher*innen unter 25 Jahren unterscheidet sich von Bundesland zu Bundesland. Während es beispielsweise im Saarland und in Bremen wenige Projekte und auch wenige junge leistungsberechtigte Personen gibt, besteht in Nordrhein-Westfalen ein erhöhter Bedarf auf den mit einer hohen Zahl an Projekten reagiert wird. Hingegen ist in Bayern und in Baden-Württemberg die Zahl der Projekte deutlich höher als die Zahl der Leistungsberechtigten unter 25 Jahren (vgl. Institut für Arbeitsmarkt- und Berufsforschung der Bundesagentur für Arbeit 2020). Insgesamt wurde durch den SGB II § 16h dennoch die Möglichkeit geschaffen, mittels aufsuchender, niedrigschwelliger Sozialarbeit Jugendliche zu erreichen, die vor Einführung der Neuerung voraussichtlich durch das sozialstaatliche Raster gerutscht wären.

3.3.2 Wohnungslosenhilfe – berufliche Eingliederung nach § 45 SGB III

Menschen, die arbeitslos sind, können nach dem SGB III Maßnahmen zur Aktivierung und beruflichen Eingliederung erhalten: So regelt § 44 SGB III die Förderung aus dem Vermittlungsbudget, § 45 SGB III beinhaltet Maßnahmen zur Aktivierung und beruflichen Eingliederung und § 46 SGB III hält Probebeschäftigung und Arbeitshilfe für behinderte Menschen bereit.

Mit der seit dem 01. Januar 2009 gültigen Neuregelung der Maßnahmen zur Aktivierung und beruflichen Eingliederung nach § 45 SGB III wird das Ziel verfolgt, die individuelle Beschäftigungsfähigkeit durch Erhalt und Ausbau von Fertigkeiten und Fähigkeiten zu fördern und die Teilnehmer*innen der

Maßnahmen umfassend bei ihren beruflichen Eingliederungsbemühungen zu unterstützen. Dabei können Maßnahmen begünstigt werden, die die berufliche Eingliederung durch einen der folgenden Punkte unterstützen:
- Heranführung an den Ausbildungs- und Arbeitsmarkt,
- Feststellung, Verringerung oder Beseitigung von Vermittlungshemmnissen,
- Vermittlung in eine versicherungspflichtige Beschäftigung,
- Heranführung an eine selbständige Tätigkeit oder
- Stabilisierung einer Beschäftigungsaufnahme.

Personen, die von Arbeitslosigkeit betroffen sind und zum förderfähigen Personenkreis gehören, können an einer Maßnahme zur Aktivierung und beruflichen Eingliederung teilnehmen. Das sind z. B. Ausbildungssuchende, von Arbeitslosigkeit bedrohte Arbeitsuchende oder auch arbeitslose Menschen sowie Migrant*innen, die unter die Regelungen des § 39a SGB III fallen. Die Maßnahmen können bei einem Arbeitgeber oder bei einem anerkannten Träger umgesetzt werden. Zu beachten ist: Die Vermittlung von beruflichen Kenntnissen in Maßnahmen zur Aktivierung und zur beruflichen Eingliederung dürfen die Dauer von acht Wochen nicht überschreiten. Sie dürfen nicht länger als sechs Wochen dauern, wenn die Maßnahmen von einem Arbeitgeber durchgeführt werden. Die Agenturen für Arbeit und die Jobcenter können die Maßnahmen nach Vergaberecht ausschreiben oder berechtigten Personen Aktivierungs- und Vermittlungsgutscheine aushändigen, die sie bei einem Träger ihrer Wahl „einlösen" können (vgl. Oschmiansky 2021).

Ein Träger, der eine Maßnahme nach § 45 SGB III in Verbindung mit § 16 SGB II anbietet, ist das Netzwerk BQVB – Netzwerk zur Integration arbeitsmarktbenachteiligter Personen im Landkreis Biberach. Hierbei handelt es sich um ein regionales Netzwerk, dass insgesamt drei Einrichtungen umfasst: die Wohnungslosenhilfe Biberach e. V., die Diakonische Bezirksstelle Biberach sowie das BFZ Biberach gGmbH. Das Projekt richtet sich an arbeitsmarktferne SGB II-Bezieher*innen mit multiplen Vermittlungshemmnissen. Das bedeutet, es sind überwiegend langzeitarbeitslose Menschen, wie Alleinerziehende, ältere Menschen, schwerbehinderte Menschen, Personen mit einer Suchterkrankungen sowie Migrant*innen, die von Armut und Diskriminierung betroffen sind. Dabei verfolgt die Maßnahme vor allem das Ziel, betreffende Personen auf den 1. Arbeitsmarkt zu vermitteln. Dafür können die Teilnehmenden verschiedene Hilfen der Träger in Anspruch nehmen, um durch Qualifizierungsmaßnahmen auf eine Tätigkeit auf dem 1. Arbeitsmarkt vorbereitet zu werden. Diese umfassen vor allem die Verbesserung der Vermittlungsfähigkeit durch Bewältigung individueller Integrationshemmnisse, die Verbesserung der Sprachkenntnisse, die Entwicklung eines positiven Lern- und Arbeitsverhaltens sowie die Stärkung der Eigeninitiative und der Persönlichkeit. Dabei werden die besonderen Lebensumstände der Teilnehmer*innen berücksichtigt. Weitere Informationen finden sich im Jahresbericht der Wohnungslosenhilfe Biberach e. V. (2018).

Büttner et al. (2015) haben eine Wirkungsanalyse durchgeführt. Dafür haben sie die Förderzugänge der Jahre 2011 und 2012 ausgewählt, um herauszufinden, wie wirksam die Maßnahmen der aktiven Arbeitsmarktpolitik sind. Sie kamen zu dem Resultat, dass die Maßnahmen zur Aktivierung und beruflichen Eingliederung, die überwiegend bei einem Träger stattgefunden haben, von kurzer Dauer waren und vergleichsweise geringe Wirkungen auf den Arbeitsmarkterfolg hatten.

3.4 Auf den Punkt gebracht

Das Soziale Arbeit eine Menschenrechtsprofession ist, daran bestehen so gut wie keine Zweifel. So bilden die Menschenrechte den Bezugsrahmen für die Soziale Arbeit und stellen gleichzeitig die Grundpfeiler von sozialer Gerechtigkeit dar. Zugleich ist die moderne Soziale Arbeit eng mit der Sozialpolitik verbunden und muss sich gesellschaftlichen Umbrüchen immer wieder anpassen und sie aktiv mitgestalten. Die hieraus resultierenden Lebensverhältnisse sind Zentrum des sozialarbeiterischen Handelns, mit dem Ziel, für gerechte Zugänge zu Ressourcen der Lebensgestaltung für ihre Adressat*innen zu sorgen und zur Erreichung gesellschaftlich anerkannter Ziele und Integrationswege beizutragen. Dafür muss Soziale Arbeit einen Beitrag zu einem Abbau sozialer Ungleichheit leisten, damit unterschiedliche Möglichkeiten der Teilhabe an der Gesellschaft oder der Verfügung über gesellschaftlich relevante Ressourcen weitgehend vermieden werden. Folglich agiert die Profession Soziale Arbeit nicht nur auf der individuellen, sondern immer auch auf der gesellschaftlichen und der institutionellen Ebene.

Durch den Umbau des Sozialstaates hin zum aktivierenden Sozialstaat haben sich viele Neuerungen für die Soziale Arbeit ergeben. Praktiker*innen und Adressat*innen haben vor Ort die Auswirkungen dieses neuen Kurses mitsamt aller Vor- und Nachteile direkt zu spüren bekommen. Der Aktivierungsgedanke hat Einzug in die Profession gehalten und spiegelt sich mal mehr, mal weniger in sozialarbeiterischen Maßnahmen und Unterstützungsangeboten wider. Aus diesen Überlegungen heraus schließt dieses Kapitel mit nachfolgender Reflexionsfrage ab, um sich im anschließenden Kapitel mit der theoretischen Seite des Gerechtigkeitsgedankens in der Sozialen Arbeit zu beschäftigen.

Aufgabe 10:
Die Profession Soziale Arbeit ist seit ihren Anfängen von Gerechtigkeitsgedanken durchzogen und eng mit sozialpolitischen Entscheidungen verbunden. Nachdem, was Sie nun über die Soziale Arbeit im aktivierenden Sozialstaat wissen: Ist aus Ihrer Sicht noch eine Orientierung an Gerechtigkeitsprinizipien möglich?

4 Soziale Gerechtigkeit als Leitmotiv der Sozialen Arbeit

Politische Debatten und sozialstaatliche Programme und Maßnahmen, die das Feld der Sozialen Arbeit strukturell rahmen, entwickeln sich meistens aus der Vorstellung einer sozial gerechten Verteilung von Gütern und Lebenschancen. Was ist nun aber gerecht? Hierzu ein aus dem Leben gegriffenes Beispiel:

> „Ungerecht ist, dass meine Schwester mehr Süßigkeiten essen darf als ich es in ihrem Alter durfte." (Großer Bruder)
> „Gerecht ist, wenn ich genauso viele Süßigkeiten essen darf, wie mein Bruder." (Kleine Schwester)

Diese beiden Aussagen verdeutlichen, dass das Empfinden von Gerechtigkeit unterschiedlich sein kann. Es gibt hierzu keine einheitliche Definition. Grundlegend kann Gerechtigkeit als normatives Prinzip verstanden werden, wonach alle Menschen trotz ihrer Individualität unter gleichen Bedingungen gleich zu behandeln sind. Gerechtigkeit ist somit eine Leitvorstellung, die in engem Zusammenhang mit der Ansicht eines guten Lebens steht und einen hohen gesellschaftlichen Stellenwert besitzt.

4.1 Vorstellungen von sozialer Gerechtigkeit

Der Gerechtigkeitsgedanke ist tief im Sozialstaat verankert. Allerdings werden die Begriffe „Sozialstaat" und „soziale Gerechtigkeit" im Grundgesetz nicht wörtlich benannt, obwohl sie als Verfassungsaufträge anzusehen sind. Als solche entfalten sie rechtliche und politische Wirkung und finden ihren Ausdruck in den Artikeln 20 und 28 des Grundgesetzes:

- *Artikel 20 GG:*
  (1) Die Bundesrepublik Deutschland ist ein demokratischer und sozialer Bundesstaat.
  (2) Alle Staatsgewalt geht vom Volke aus. Sie wird vom Volke in Wahlen und Abstimmungen und durch besondere Organe der Gesetzgebung, der vollziehenden Gewalt und der Rechtsprechung ausgeübt.
  (3) Die Gesetzgebung ist an die verfassungsmäßige Ordnung, die vollziehende Gewalt und die Rechtsprechung sind an Gesetz und Recht gebunden.
  (4) Gegen jeden, der es unternimmt, diese Ordnung zu beseitigen, haben alle Deutschen das Recht zum Widerstand, wenn andere Abhilfe nicht möglich ist.
- *Artikel 28 GG:*
  (1) Die verfassungsmäßige Ordnung in den Ländern muss den Grundsätzen des republikanischen, demokratischen und sozialen Rechtsstaates im Sinne dieses Grundgesetzes entsprechen. In den Ländern, Kreisen und Gemeinden muss das Volk eine Vertretung haben, die aus allgemeinen, unmittelbaren, freien, gleichen und geheimen Wahlen hervorgegangen ist. Bei Wahlen in Kreisen und Gemeinden sind auch Personen, die die Staatsangehörigkeit eines Mitgliedstaates der Europäischen Gemeinschaft besitzen, nach Maßgabe von Recht der Europäischen Gemeinschaft wahlberechtigt und wählbar. In Gemeinden kann an die Stelle einer gewählten Körperschaft die Gemeindeversammlung treten.
  (2) Den Gemeinden muss das Recht gewährleistet sein, alle Angelegenheiten der örtlichen Gemeinschaft im Rahmen der Gesetze in eigener Verantwortung zu regeln. Auch die Gemeindeverbände haben im Rahmen ihres gesetzlichen Aufgabenbereiches nach Maßgabe der Gesetze das Recht der Selbstverwaltung. Die Gewährleistung der Selbstverwaltung umfasst auch die Grundlagen der finanziellen Eigenverantwortung; zu diesen Grundlagen gehört eine den Gemeinden mit Hebesatzrecht zustehende wirtschaftskraftbezogene Steuerquelle.
  (3) Der Bund gewährleistet, dass die verfassungsmäßige Ordnung der Länder den Grundrechten und den Bestimmungen der Absätze 1 und 2 entspricht.

Aufgabe 11:
Vorweg – die absolute Gerechtigkeit im sozialen Rechtsstaat stellt eine Utopie dar. Warum ist das so? Überlegen Sie zunächst, was Sie selbst als gerecht und was Sie als ungerecht empfinden, um daraus eine Antwort auf die gestellte Frage abzuleiten.

Was als gerecht und was als ungerecht in einer Gesellschaft gilt, lässt sich nicht so einfach bestimmen. Entsprechend ist eine gemeinsame Definition von Gerechtigkeit schwierig. Die Agentur für Forschung (2021) hat in diesem Kontext im Jahr 2021 eine qualitative Studie durchgeführt, um die Wahrnehmung und das Verständnis von sozialer Gerechtigkeit in Deutschland zu ermitteln. Dafür wurden Online-Gruppendiskussionen, die zwischen 90 Minuten und 120 Minuten dauerten, mit 48 Personen durchgeführt. Zu den zentralen Ergebnissen gehört, dass es den Proband*innen schwer fiel, zu erklären, was sie überhaupt unter „sozialer Gerechtigkeit" verstehen. Einerseits wurde der Eindruck erweckt, dass man genau wisse, was das ist. Andererseits war der Begriff schwer zu fassen und zu bestimmen. Dies zeigte sich darin, dass häufig auf Beispiele für Ungerechtigkeit oder Themen zurückgegriffen wurde, in denen sie Bedeutung hat. Insgesamt zeichneten sich vier große Themenfelder im Kontext sozialer Gerechtigkeit ab.

1. *Chancengerechtigkeit:* Hiermit sind gleiche Möglichkeiten für alle Menschen gemeint.
2. *Bildungsgerechtigkeit:* Ähnlich wie bei der Chancengerechtigkeit geht es bei der Bildungsgerechtigkeit ebenfalls darum, dass alle Menschen die gleichen Möglichkeiten haben sollen, Bildung zu erfahren, unabhängig von Herkunft, sozialem Status, Einkommen oder der Bildung der Eltern.
3. *Leistungsgerechtigkeit:* Leistung soll angemessen vergütet werden.
4. *Gerechtigkeit für Benachteiligte:* Alle Menschen sollen gleich behandelt werden.

Darüber hinaus wurde die Verantwortung für soziale Gerechtigkeit wie Ungerechtigkeit an vier zentralen Faktoren festgemacht, die die soziale Gerechtigkeit jeweils unterschiedlich beeinflussen. Hierbei handelt es sich zum einen um das System der Marktwirtschaft, dass durch die Verteilung von finanziellen Ressourcen über soziale Gerechtigkeit bestimmt, sowie um den Staat, der durch den Erlass von Gesetzen die Grundlage für eine gerechte Gesellschaft schafft. Zum anderen würde aber auch die gesamte Gesellschaft und die*der Einzelne Verantwortung für soziale Gerechtigkeit tragen.

Daneben ist aus Sicht der befragten Personen soziale Ungerechtigkeit häufig das Ergebnis unverschuldeter sozialer Ungleichheit, die aus unterschiedlichen Gründen, wie steigenden Mietpreisen, Krankheiten oder fehlender Bildung, entstehen.

Auf die Frage nach der Bewertung des aktuellen Stands der sozialen Gerechtigkeit in Deutschland fielen die Antworten überwiegend positiv aus. So sei man im Großen und Ganzen abgesichert, es gebe kaum Armut mit Hunger und Elend und im Ländervergleich sei Deutschland als wohlhabender Staat sehr weit oben auf der Rangliste. Kritisch betrachtet wurde hingegen, dass es immer noch zu viel Not und Ungerechtigkeiten gebe und somit ebenfalls noch Handlungsbedarf bestehe. Vorschläge für Maßnahmen bestünden aus Sicht der befragten Teilnehmer*innen im Mindestlohn, in mehr Lohngerechtigkeit für wichtige Berufe und benachteiligte Gruppen sowie im bedingungslosen Grundeinkommen, in Rentenerhöhungen und in mehr Steuergerechtigkeit. Ebenfalls wurde die Forderung nach einer besseren Kontrolle der Bedürftigkeit und Vereinfachung der bürokratischen Hürden formuliert.

Die Ergebnisse der Befragung verdeutlichen zum einen, wie schwierig es ist, den Begriff der sozialen Gerechtigkeit tatsächlich zu fassen, zum anderen beziehen sich die Ideen zur Beseitigung von Ungerechtigkeiten überwiegend auf finanzielle Aspekte.

Um vom Alltags- zum wissenschaftlichen Verständnis zu gelangen, werden nachfolgend unterschiedliche Theorien sozialer Gerechtigkeit beleuchtet.

4.2 Theoretische Grundlegungen der Sozialen Arbeit

Soziale Arbeit ist ohne eine Orientierung an den Prinzipien der sozialen Gerechtigkeit nicht denkbar. Nach Schrödter (2007) ist Soziale Arbeit als Profession durch ihre Ausrichtung an der Idee der sozialen Gerechtigkeit legitimiert. Sobald Soziale Arbeit nicht mehr die Idee der sozialen Gerechtigkeit verfolgt, verliert sie ihre Existenzberechtigung. Sie ist dann durch andere institutionalisierte Tätigkeitsformen ersetzbar bzw. geht in diesen auf.

Deshalb verwundert es nicht, dass die soziale Gerechtigkeit ein normativer Referenzpunkt in der Definition der Sozialen Arbeit der International Federation of Social Workers ist (IFSW 2014). Ebenfalls wird die soziale Gerechtigkeit im neuen Berufskodex von AvenirSocial als fundamentales Prinzip der Sozialen Arbeit behandelt (AvenirSocial 2014). Wie dieser Gedanke in den verschiedenen Theorien wirkt, wird im weiteren Verlauf näher beleuchtet.

4.2.1 Rawls' Gerechtigkeitstheorie

Der amerikanische Philosoph John Rawls hat in den 1970er Jahren eine Gerechtigkeitstheorie aufgestellt, die auf einem hypothetischen Gesellschaftsvertrag, der die Grundsätze des Zusammenlebens regelt, fußt. Dabei versucht Rawls auf folgende Fragen eine Antwort zu geben: Nach welchen Prinzipien sollte eine gerechte Gesellschaft eingerichtet werden? Und wie lassen sich diese Prinzipien bestimmen?

In seinem Buch „A Theory of Justice“ (1971) schlägt Rawls ein Gedankenexperiment des Urzustandes vor. Dabei geht es darum, eine Gesellschaft so zu gestalten, dass über ihren Aufbau entschieden wird, ohne zu wissen, was für eine Position der Mensch später in dieser Gesellschaft haben wird. Rawls nennt diesen Umstand auch den Schleier des Nichtwissens. Dieser Urzustand hat zur Folge, dass die Interessen einzelner Personen keine Auswirkungen auf die Entscheidung der Bürger*innen haben. So kann im Sinne Rawls davon ausgegangen werden, dass sich auch tatsächlich die Interessen durchsetzen, die alle Bürger*innen teilen (vgl. Rawls 2005).

Rawls benennt zwei grundlegende Gerechtigkeitsprinzipien in seiner Theorie. Er geht nämlich davon aus, dass sich die Menschen für zwei Prinzipien entscheiden werden. Dabei handelt es sich zum einen um das Prinzip des gleichen Rechts auf individuelle Freiheit und zum anderen um das Differenzprinzip. Das erste Gerechtigkeitsprinzip umfasst die Grundfreiheiten des Gesamtsystems für alle (wie allgemeine Rechte, Freiheiten und Chancen sowie Einkommen und Vermögen), das zweite Gerechtigkeitsprinzip beinhaltet zwei Aspekte, nämlich die Chancengleichheit und, dass Ungleichheiten zum Wohle der am schlechtesten gestellten Gruppe in einer Gesellschaft ausbalanciert werden. Rawls verfolgt mit seiner Theorie das Ziel, individuelle Lebenschancen von den Zufälligkeiten der sozialen Herkunft und den natürlichen Begabungen zu befreien (vgl. Rawls 1971).

Obwohl Rawls Anliegen primär darin liegt, die Bedingungen der Möglichkeit einer gerechten Gesellschaft aufzuzeigen, hat er mit seiner Theorie ebenfalls eine Kritik an den Staaten des real existierenden Sozialismus verfasst: Denn diese haben für sich den Anspruch erfüllt, den alten Menschheitstraum einer gerechten Gesellschaft tatsächlich realisiert zu haben.

Bei Rawls Ansatz legt aber nicht die Gesellschaft für den Einzelnen fest, wie eine gerechte Ordnung auszusehen hat, sondern die Menschen bestimmen deren Grundsätze in eigenem Ermessen. Es liegt an den Bürger*innen selbst, die Grundsätze der Institutionen zu entwickeln, die eine gerechte Gesellschaft tragen.

Soziale Ungleichheiten ergeben sich nach Rawls aus der unterschiedlichen Leistungsfähigkeit im wirtschaftlichen Bereich. Allerdings dürfen Ungleichheiten nicht bei politischen Grundfreiheiten herrschen. Diese garantieren jedem Menschen eine faire Chance. So ist das Leben mit Privilegien als Zufall und nicht als Verdienst zu betrachten. Daraus ergibt sich die moralische Verpflichtung, die Situation der schlechter gestellten Menschen zu verbessern. Dem Staat kommt die Aufgabe zu, die Unterschiede, die sich aus sozialen Startbedingungen ergeben, auszugleichen und allen Bürger*innen dieselben Chancen einzuräumen (vgl. Rawls 1971).

Zusammenfassend lässt sich festhalten, dass Rawls mit seiner Gerechtigkeitstheorie in den 1970er Jahren nicht nur zu einer Diskussion um gesellschaftliche Gerechtigkeit beigetragen hat, sondern auch die Moralphilosophie wiederbelebte. Neben vielen positiven Aspekten an der Gerechtigkeitstheorie können aber auch einige Punkte kritisch betrachtet werden: Beispielsweise ist an der Rawlschen Theorie anzumerken, dass man im Urzustand nicht wirklich frei ist. So geht Rawls ja von den beiden oben genannten Grundprinzipien aus. Wenn das aber der Fall ist, dann ist der Urzustand nicht ein Zustand freier Entscheidungen, sondern an ein Ergebnis gebunden, das Rawls vorgedacht hat. Gleichzeitig ist für Rawls eine Umverteilung des Eigentums notwendig. Dies würde aber einen erheblichen Rechtseingriff bedeuten. Und zu guter Letzt geht Rawls von der Gleichheit der Menschen aus. Menschen sind aber individuell und haben entsprechend unterschiedliche Interessen.

4.2.2 Sens und Nussbaums Capability Approach

Der Capability Approach (Befähigungsansatz) ist eine grundlegende Theorie der Gerechtigkeit, die in den 1980er und 1990er Jahren vom Ökonomie-Nobelpreisträger Amartya Sen und der Philosophin Martha Nussbaum entwickelt wurde. Dieser Ansatz versucht aufzuzeigen, wie jedem Menschen ein Leben in Würde ermöglicht werden kann. Den Kern des Ansatzes definiert Sen als „die Möglichkeiten oder umfassenden Fähigkeiten („Capabilities") von Menschen, ein Leben führen zu können, für das sie sich aus guten Gründen entscheiden konnten, und das die Grundlagen der Selbstachtung nicht in Frage stellt" (Sen 2000, S. 29). Es geht darum, die zur Verfügung stehenden materiellen Ressourcen in Zusammenhang mit den tatsächlichen erreichbaren Möglichkeiten einer selbstbestimmten Lebensweise zu bringen. Dabei liegt der Fokus auf den Freiheiten einer Person, ihr Leben nach ihren Wünschen zu gestalten. Dafür müssen alle Menschen mit den gleichen Grundgütern und Grundfreiheiten in einer gerechten Gesellschaft ausgestattet sein.

Aus den Wesensmerkmalen des Menschen leitet Nussbaum zentrale Dimensionen der Lebensqualität (functioning) ab, die Menschen anzustreben versuchen. Beispiele für Funktionen reichen dabei von elementaren Zuständen und Tätigkeiten, wie wohlgenährt zu sein, essen und trinken zu können, bis hin zu solch komplexen Funktionen, wie am gesellschaftlichen Leben teilzunehmen und sich selbst zu achten. Die Verwirklichungschancen (capabilities) fragen nach den zur Verfügung stehenden Möglichkeiten für Individuen und Gruppen, die entsprechenden functionings auszubilden und ihre Vorstellung eines guten Lebens schlussendlich zu realisieren. Entsprechend sollte jeder Mensch die Möglichkeit besitzen, durch Bildung, Kompetenzerwerb, sozioökonomische Ressourcen und sozioökologische Umweltfaktoren ein „gutes" Leben führen zu können. Hierbei ist allerdings nicht ausschließlich der Besitz, die Verfügbarkeit und Menge dieser Ressourcen ausschlaggebend, sondern wie man in der Lage ist, diese tatsächlich auch zu nutzen (vgl. Nussbaum 2010).

Die zentrale Frage, die sich stellt, um die soziale Gerechtigkeit in einer Gesellschaft bewerten zu können, lautet: „Was ist eine jede Person wirklich befähigt zu tun und zu sein?" (Nussbaum 2015, S. 27). Demzufolge geht es um das subjektive Wohl und die individuellen Möglichkeiten und nicht um das gesellschaftliche Gesamtwohl.

Der Befähigungsansatz baut auf der Rawlschen Theorie der Gerechtigkeit auf. So stellt Rawls in seinem moralphilosophischen Ansatz die Forderung nach einer Umverteilung der gesellschaftlichen Ressourcen an Menschen, die zu wenig Handlungsressourcen zur Verfügung haben, um ein Leben, für das sie sich aus guten Gründen entschieden haben, führen zu können. Der Befähigungsansatz von Sen und Nussbaum setzt hier an. Für sie stellen Ressourcen keinen Selbstzweck dar, sie sind vielmehr als Mittel zum Zweck der Bedürfnisbefriedigung zu betrachten. Erst wenn die Bedürfnisse tatsächlich befriedigt sind, kann man von Freiheit sprechen. Ebenfalls wird für Sen und Nussbaum durch die bloße Gleichverteilung von Ressourcen, ganz im Rawlschen Sinne, der Unterschiedlichkeit von Menschen nicht genügend Rechnung getragen. Selbst wenn alle Menschen die gleichen Ressourcen zur Verfügung haben, muss dies nicht bedeuten, dass sie auch das gleiche Maß an Bedürfnisbefriedigung aufweisen. Es gibt Menschen, die z. B. einen höheren Bedarf an Ressourcen als andere Menschen haben, beispielsweise bei einer Erkrankung (vgl. Altgeld/Bittlingmayer 2017).

Aufgabe 12:
Nachdem Sie nun Einblicke in den Capability Approach-Ansatz erhalten haben, was würden Sie sagen, macht ein gutes Leben aus?

Was ein gutes Leben ausmacht, misst sich nicht allein in materiellen Gütern. Vielmehr stellt sich die Frage, ob Menschen darüber, wie sie leben wollen, selbst entscheiden können und ob sie die Möglichkeit haben, ihre individuellen Potenziale und Fähigkeiten entfalten zu können. Ein gutes Leben zu führen, sollte in einer demokratischen Gesellschaft allen Bürger*innen offenstehen.

Aufgabe 13:
Sie haben nun zwei grundlegende Theorien der sozialen Gerechtigkeit kennengelernt. Welche Schlussfolgerungen lassen sich aus den Gerechtigkeitsansätzen von Rawls und darauf aufbauend von Sen/Nussbaum für die Soziale Arbeit ziehen?

Für die Soziale Arbeit ist sicherlich, ganz im Rawlschen Sinne, der Umverteilungsgedanke sowie die Möglichkeit zur Befähigung interessant. Aber auch der Schleier des Nichtwissens kann Raum für Gedankenspiele geben.

Die Erweiterung der Gerechtigkeitstheorie von Sen und Nussbaum lässt die Frage zu, welchen Beitrag die Handlungsfelder der Sozialen Arbeit zu einer Verbesserung der Lebensqualität und zur Erweiterung der Verwirklichungschancen ihrer Adressat*innen leisten kann. Es geht um reale Teilhabechancen und Zugänge, da sowohl die Befähigung als auch die Bereitstellung von Verwirklichungschancen zuweilen nicht ausreichend sind, um Teilhabe sicherzustellen. Dementsprechend schließen sich Fragen an, wie: Welche Möglichkeiten bestehen, sich in die Gesellschaft einzubringen und an ihr teilzuhaben? Wie können wir im Rahmen der Sozialen Arbeit Adressat*innen befähigen, ihre individuellen Vorstellungen eines guten Lebens zu verwirklichen? Und wie können wir auch ökologische Faktoren und politische Rahmenbedingungen in unser Verständnis von Wohlstand miteinbeziehen?

4.2.3 Thiersch: Soziale Arbeit als Repräsentantin sozialer Gerechtigkeit

Hans Thiersch ist einer der zentralen Theoretiker der Sozialen Arbeit, der ihre Professionalisierung stark vorangetrieben hat. Bekannt geworden ist er durch seinen lebensweltorientierten Ansatz in den 1990er Jahren. Seitdem hat sich seine Theorie zum Klassiker in der Sozialen Arbeit entwickelt. Bereits zu seinen Anfängen fragte sich Thiersch, wie Soziale Arbeit zur Entstigmatisierung ihrer Adressat*innen beitragen könnte. Denn sein Ansatz geht davon aus, dass Menschen soziale Institutionen aufsuchen, wenn ihre alltäglichen Ressourcen nicht mehr ausreichen, um ihr Leben befriedigend zu gestalten. Sie sind verunsichert und ihnen fehlen lösungsorientierte Erklärungsmuster, ihr Alltag hat sich verändert und ist nicht mehr alltäglich. Aufgabe der Sozialen Arbeit ist es nun, um gemeinsam zu einem gelingenderen Alltag zu gelangen, mit den Adressat*innen die Entwicklung neuer Alltagsroutinen festzulegen. Thiersch verweist immer wieder darauf, dass allein die Inanspruchnahme sozialer Unterstützungsleistung stigmatisierend für die Nutzer*innen sein könne.

Was nun genau mit dem Begriff „Alltag“ gemeint ist, haben Thiersch und Grunwald (2008, S. 14) folgendermaßen definiert:

> „Alltag ist zu verstehen im Kontext nach unmittelbaren Erfahrungen von Menschen in ihren Lebenszusammenhängen, nach ihren eigenen Lebenskompetenzen und der Kraft einer praktischen Selbstzuständigkeit. Der Alltag zeigt sich ambivalent: Alltag ist bestimmt durch die entlastende Funktion von Routinen, die Handeln, Sicherheit und Produktivität erst ermöglichen, gleichzeitig aber auch in Form von Enge, Unbeweglichkeit und Engstirnigkeit menschliches Leben einschränken und behindern [kann].“

Diese Ambivalenz begründet auf der einen Seite die Notwendigkeit von Respekt vor gegebenen Alltagskompetenzen und der Eigensinnigkeit des Alltags, auf der anderen Seite von professioneller Unterstützung gegen die im Alltag angelegten Verengungen. Die Begriffe „Alltag“ und „Lebenswelt“ werden heute weitgehend synonym genutzt.

Die lebensweltorientierte Soziale Arbeit versteht sich als ein demokratischer Ansatz, in dem alltägliche Probleme gemeinsam mit den Adressat*innen in ihrer Lebenswelt bearbeitet werden. Dabei sieht sie ihre Aufgaben weniger darin, Unterstützungsleistungen für spezielle Zielgruppen anzubieten. Vielmehr versteht sie sich als ein generelles Hilfsangebot für alle, indem sie Hilfe zur Lebensbewältigung leistet. Durch diese Öffnung versucht Thiersch der Zunahme sozialer gesellschaftlicher Probleme und dem wachsenden Bedarf an Hilfe bei der alltäglichen Lebensbewältigung nachzukommen. Dabei trägt die alltagsorientierte Soziale Arbeit dem Leitprinzip sozialer Gerechtigkeit Rechnung, weil ihr drei Grundorientierungen zugrunde liegen:

- Sie orientiert sich an ressourcen- und lösungsorientierten Konzepten,
- die Lösungen sind am Alltag ausgerichtet,
- die Lösungen müssen im Alltag der Adressat*innen wiederholt bestätigt werden.

Thiersch geht davon aus, dass die Frage nach Gerechtigkeit als Ausgleich zwischen unterschiedlichen Möglichkeiten im menschlichen Leben gilt und das sie vielfältig verhandelt wird (vgl. Thiersch 2003).

Aufgabe 14:
Lesen Sie sich zunächst das nachfolgende Fallbeispiel zur lebensweltorientierten Sozialen Arbeit durch:

Mohammed (14 Jahre) lebt mit seinen zwei älteren Brüdern und seinen Eltern in einer Kleinstadt in der Nähe von Merseburg. Die Familie bewohnt eine kleine Vierraumwohnung in der Nähe des ehemaligen Chemiegeländes. Mohammed teilt sich ein Zimmer mit seinem Bruder Jussuf (15 Jahre). Er mag die Wohnung nicht, weil sie so klein und beengt ist. Der Vater von Mohammed hat nach seinem Hauptschulabschluss eine Ausbildung zum Maler abgeschlossen. Aufgrund der angespannten Arbeitsmarktlage war er in den letzten Jahren immer wieder arbeitssuchend. Diese Belastung hat dazu geführt, dass er während der ersten langen Phase der Arbeitslosigkeit begonnen hat, Alkohol in großen Mengen zu konsumieren. Die Folge waren lautstarke Konflikte zwischen Mutter und Vater sowie die Verschuldung der Familie. Seitdem leidet die Mutter unter gesundheitlichen Problemen in Form von Migräneanfällen und depressiven Episoden. Die familiäre Situation ist extrem angespannt.

Zurzeit ist der Vater, aufgrund der Coronapandemie, wieder arbeitslos, hat das Trinken jedoch nahezu eingestellt. Geldsorgen plagen die Familie nach wie vor. Die Mutter würde gern arbeiten, fühlt sich aber mit der derzeitigen Situation überfordert. Sie versucht, so gut es geht den Haushalt zu führen und für ihre Kinder da zu sein. Zwischen den Geschwistern kommt es häufig zu Streitereien, worunter die Mutter sehr leidet.

Mohammed ist zu Hause ein schwieriges Kind. Bei Problemen fängt er an zu schreien und um sich zu schlagen. Er hat wenig Selbstvertrauen und fühlt sich oft ungerecht behandelt. Zu seinen Eltern hat er ein ambivalentes Verhältnis. Er fühlt sich nicht von ihnen akzeptiert. Geliebt fühlt er sich vor allem von seinen Großeltern, zu denen er trotz der räumlichen Entfernung so oft wie möglich Kontakt hat. Mohammed ist oft traurig und zieht sich bei Problemen in sein Zimmer zurück. Dort schaut er fern und spielt am Computer. Mit einem Mädchen aus der Nachbarschaft trifft er sich hin und wieder.

Weil sich seine Eltern aufgrund des schlechten Rufes der hiesigen Schule gegen eine ortsnahe Beschulung entschieden haben, besucht Mohammed die Hauptschule in Halle. Wegen seiner Sprachschwierigkeiten wurde er hier von Anfang an gehänselt. Seitdem versucht er, seine Mitschüler*innen zu meiden und geht Konflikten aus dem Weg. Er klagt zu Hause häufig über Kopf- und Bauchschmerzen und möchte nicht mehr zur Schule. Eine gute Beziehung hat Mohammed zu seiner Klassenlehrerin Frau Müller. Er mag sie und sucht in der Pause oft ihre Nähe. Laut Aussage der Lehrerin ist Mohammed im Unterricht noch nie negativ aufgefallen. Er gilt als ein sehr ruhiges und introvertiertes Kind. Schulische Probleme zeigen sich vor allem in den Fächern Deutsch und Englisch. In Mathe und Chemie zeigt er gute Leistungen.

Finanziell kann Mohammed mit seinen Mitschüler*innen nicht mithalten. Er leidet darunter, dass er oft die Kleidung seiner älteren Geschwister auftragen muss und nur wenig Taschengeld erhält. Er wünscht sich schon lange ein Fahrrad und streitet mit seinem Vater, weil er es nicht bekommt. Mohammeds Mutter bemüht sich sehr darum, die Notlage der Familie nach außen nicht sichtbar werden zu lassen. Trotz langjähriger extremer Belastung nimmt die Familie keine professionelle Hilfe in Anspruch.

Arbeitsauftrag:
Stellen Sie sich vor, Sie sind eine*r von vier Schulsozialarbeiter*innen an der Hauptschule, die Mohammed besucht. Sie haben inzwischen mehrerer Gespräche mit seiner Klassenlehrerin geführt. Ihre Aufgabe ist es nun, ein sozialarbeiterisch begründetes Konzept zur weiteren Unterstützung von Mohammed zu entwerfen. Entwickeln und begründen Sie Vorschläge für ein lebensweltorientiertes Vorgehen. Reflektieren Sie anschließend, inwieweit sich Ihre Ideen an Gerechtigkeitsurteilen orientiert haben.

4.2.4 Staub-Bernasconi: Soziale Arbeit als Menschenrechtsprofession

Bei Silvia Staub-Bernasconi handelt es sich ebenfalls um eine der bedeutendsten Vertreterinnen der Sozialarbeitswissenschaft im deutschsprachigen Raum. Sie hat nicht nur grundlegend über Soziale Arbeit nachgedacht, sondern ebenfalls eine eigenständige theoretische Perspektive in Form der Sozialen Arbeit als Menschenrechtsprofession entworfen. Dabei hat sich Staub-Bernasconi immer wieder in den professionspolitischen Diskurs eingemischt. In einer Fülle von Publikationen hat sie ihre systemtheoretisch-ontologischen Positionen zur Entwicklung einer Handlungswissenschaft Sozialer Arbeit dargelegt.

Aufgabe 15:
Zum Einstieg in die Theorie von Staub-Bernasconi beantworten Sie bitte die nachstehenden Multiple-Choice-Aufgaben:

1. *Gegenstand Sozialer Arbeit ist/sind nach Staub-Bernasconi*
(A) Menschen
(B) Lebenswelten
(C) soziale Probleme

2. *Was begründet Staub-Bernasconi in ihrem Handlungsmodell?*
(A) Einen standardisierten Fragebogen
(B) Den transformativen Dreischritt
(C) Ein Expert*inneninterview

Lösung: 1. (C), 2. (B)

Staub-Bernasconi entwickelte ihre Theorie als Systemtheorie. Hierbei handelt es sich um einen ganzheitlichen Denkansatz. Dabei wird die Gesellschaft in verschiedene Funktionssysteme, wie Arbeit, Familie, Fitnessclub etc., eingeteilt. Staub-Bernasconi möchte das Verhältnis von Individuum und Gesellschaft neu verorten. Sie ist gegen eine Betrachtungsweise, die den Menschen als ein Wesen definiert, dass die Gesellschaft nur benötigt, um sich selbst zu verwirklichen (Atomismus). Auch den umgekehrten Fall, dass die Gesellschaft den Menschen nur braucht, um als Gesellschaft richtig funktionieren zu können, kritisiert sie. Als Mittelweg sieht sie den Systemismus. Damit möchte sie den Dualismus – Individuum und Gesellschaft – überwinden. So sieht sie nicht den Menschen versus die Gesellschaft und auch nicht die Gesellschaft versus den Menschen, sondern es geht ihr um den Menschen in der Gesellschaft. Folglich besteht für sie die Funktion Sozialer Arbeit nicht nur in einem Ausgleich materieller Defizite, sondern es geht ihr vielmehr um die Gesamtheit, nämlich um die Bearbeitung sozialer Probleme. Staub-Bernasconi (1991, S. 3) sieht hierin den Gegenstand Sozialer Arbeit und bestimmt Soziale Arbeit entsprechend als „sozial gebündelte, reflexive wie tätige Antwort auf bestimmte Realitäten, die als sozial und kulturell problematisch bewertet werden". Soziale Arbeit selbst ist also eine gesellschaftliche Antwort auf soziale Probleme, die sich als intervenierende Größe mit kumulativen sozialen Problematiken beschäftigt. Dabei können soziale Probleme auf folgenden Ebenen lokalisiert werden:

- Ausstattungsprobleme,
- Austauschprobleme,
- Machtprobleme,
- Werte- und Kriterienprobleme.

Während es sich bei Ausstattungsproblemen um Probleme der individuellen Bedürfnis- und Wunscherfüllung (Gesundheit, Bildung, sozioökonomische Ausstattung) handelt, geht es bei Austauschproblemen um den gegenseitigen Austausch, also um Probleme der Kooperation, der Verständigung und der Kommunikation zwischen Menschen. Machtprobleme befassen sich mit Problemen der unfairen Arbeitsteilung und Herrschaft in sozialen Systemen und Kriterien- und Werteprobleme beziehen sich auf Ungerechtigkeit, Diskriminierung und Privilegierung aufgrund problematischer Regeln der Sozialstruktur. Bestehende Kriterien können als gerecht, willkürlich oder nicht angewendet kategorisiert werden. Soziale Probleme gibt es dann, wenn Kriterien für bestimmte Problembereiche fehlen oder ungenügend sind, also beispielsweise die Benachteiligung von Frauen im Beruf und Einkommen gegenüber Männern trotz gesetzlich zugesagter Gleichberechtigung weiter besteht. Alle vier Problemkategorien können einzeln oder miteinander vernetzt und aufeinander bezogen auftreten. Auf den einzelnen Problemkategorien bauen die Werte und Ziele, die nach Staub-Bernasconi anzustreben sind, auf.

Im Kontext der Ausstattungsprobleme vertritt die Soziale Arbeit die Werte körperliche Unversehrtheit, soziale Gerechtigkeit sowie Leistungsfähigkeit. Im Bereich der Austauschprobleme fokussiert sie sich auf die Austauschgerechtigkeit, herrschaftsfreie Kommunikation sowie Kooperation und Teilnahme. In Bezug auf Machtprobleme findet eine Orientierung an fairen Regeln bezüglich der Verteilungsgerechtigkeit statt. Im Zusammenhang mit Kriterienproblemen stellt die Soziale Arbeit die Werte der Menschenwürde, Freiheit, Teilhabe und sozialen Gerechtigkeit in den Fokus. Daraus können wiederum die Ziele der Sozialen Arbeit abgeleitet werden. Diese bestehen zum einen in der Befähigung zur Bedürfnisbefriedigung sowie in einem fairen Ausgleich von Rechten und Pflichten zwischen Menschen und sozialen Gruppen, zum anderen sind begrenzende Machtstrukturen aufzudecken. Um diese Ziele realisieren zu können, führt Staub-Bernasconi ein Handlungsmodell, den sogenannten transformativen Dreischritt, ein, das aus unterschiedlichen Schritten besteht und zu dem es nachfolgend eine Aufgabe gibt.

Der Auftrag der Sozialen Arbeit besteht also im Großen und Ganzen in der Ermächtigung und Befähigung von Menschen dazu, ein gutes Leben zu führen. Dafür orientiert sie sich an den Leitprinzipien der Menschenrechte und der sozialen Gerechtigkeit.

Aufgabe 16:
Lesen Sie sich zunächst die Fallvignette „Herr Dimitri“ durch:

Herr Dimitri, 75 Jahre alt, lebt in einer Drei-Zimmer-Wohnung in einem gutbürgerlichen Wohngebiet zur Miete. Hier sind die Fassaden frisch saniert, die Vorgärten gepflegt und es herrscht eine angenehme Nachbarschaft. Die älteren Bewohner*innen treffen sich regelmäßig in der Kirchengemeinde zum gemeinsamen Frühstücken, Singen oder Basteln. Auch Ausflüge werden gern zusammen unternommen. Herr Dimitri ist vor über dreißig Jahren mit seiner Frau Marianne in diesen Stadtteil gezogen. Gemeinsam haben sie sich einen Bekanntenkreis aufgebaut und sind gern zum Kegeln gegangen. Vor kurzer Zeit starb Frau Dimitri unvorhergesehen. Sie ist morgens nicht mehr aufgewacht. Der Verlust seiner Frau belastet Herrn Dimitri sehr. Hinzu kommt, dass sich Marianne um alle Angelegenheiten des täglichen Lebens gekümmert und die sozialen Kontakte gepflegt hat. Er macht seiner Frau Vorwürfe, ihn nun allein gelassen zu haben. In den letzten Wochen ist Herr Dimitri zunehmend verwirrter. Er verlegt nicht nur ständig seine Brille und seine Geldbörse, sondern auch seine Wohnungsschlüssel sind oft nicht aufzufinden. Nachts hat er Angstzustände und Halluzinationen. Mehrmals wurde deshalb auch schon die Polizei von besorgten Nachbar*innen gerufen. Mit dem Tod seiner Frau sind auch die meisten Kontakte im Wohngebiet verloren gegangen. Auch mit der Alltagsbewältigung und der Regelung behördlicher Angelegenheiten ist Herr Dimitri überfordert. Seine Körperhygiene und seine Ernährung finden kaum noch Beachtung. Anfallende Tätigkeiten vergisst er schnell wieder. Er merkt selbst, dass er seelisch und geistig durcheinander ist. Sein Hausarzt hat ihn nun zur Differentialdiagnostik ins wohnortnahe Krankenhaus überwiesen, um den Verdacht einer demenziellen Erkrankung überprüfen zu lassen.

Im Krankenhaus erhält Herr Dimitri nun die Diagnose einer beginnenden Alzheimer-Demenz. Die Erkrankung ist nicht heilbar, kann aber durch eine medikamentöse Behandlung verlangsamt werden. Vom Sozialdienst des Krankenhauses wird ein Pflegedienst mit der häuslichen Krankenpflege betraut. Ebenfalls wird eine gesetzliche Betreuung eingerichtet.

Als Herr Dimitri wieder in seiner Wohnung ist, verschlechtert sich seine Stimmung immer mehr und er wird zunehmend aggressiver. Hinzu kommt ein massives Nachlassen seiner Merkfähigkeit. Er geht kaum noch aus dem Haus. Sein Gang wirkt schlurfend und er ist abgemagert. Bei seiner Medikamenteneinnahme möchte Herr Dimitri auch nicht mehr überwacht werden und verweigert diese. Auch seinem gesetzlichen Betreuer begegnet Herr Dimitri mit Argwohn und Skepsis. Einzig zu seiner Schwester hält er eine vertrauensvolle Beziehung aufrecht und beherzigt ihre Ratschläge. Diese zweifelt den korrekten Umgang des Betreuers mit Herrn Dimitris Geld an und bedrängt ihn, seine Medikamente nicht mehr zu nehmen. Der gesundheitliche Zustand von Herrn Dimitri verschlechtert sich weiter. Seine Sprache verändert sich, er spricht immer abgehackter und lauter. Sein Erscheinungsbild wirkt ungepflegter. Unrasiert, lange, abstehende Haare, riechend und mit verschmutzter Kleidung ist Herr Dimitri nun anzutreffen. In ein Pflegeheim möchte er aber auf keinen Fall.

Trotz fortschreitender Krankheit und genehmigter Haushaltshilfe besteht Herr Dimitri darauf, selbst für seine Wohnung zu sorgen. Dieses schafft er aber nicht mehr. Hinzu kommt sein Glaube, dass seine Frau wieder zu Hause sei und im Keller des Hauses lebe, um für ihn da zu sein.

Arbeitsauftrag:
Führen Sie nun den transformativen Dreischritt durch. Dieser besteht aus folgenden Schritten.

1. *Was ist los? (Gegenstandswissen)* – Beschreibung des sozialen Problems durch eine Datenerhebung.
   Warum ist das so? (Erklärungswissen) – Erklärung des Problems durch wissenschaftliche Theorien.
   Woraufhin soll verändert werden? (Wertewissen) – Bewertung des Problems und Zielsetzung für die Lösung.
2. *Wer ist beteiligt? (Akteur*innenwissen)* – Bestimmung, welche Menschen in die Problemlösung miteinbezogen werden müssen, und Aufgabenverteilung.

3. *Womit kann das Problem gelöst werden? (Ressourcenwissen)* – Methoden zur Lösung des Problems.
Wie kann verändert werden? (Verfahrenswissen) – Bestimmung von Handlungsweisen (Konzepte/Techniken).

Das Ergebnis dieser Schritte sind Handlungsleitlinien sowie die Bestimmung von Arbeitsweisen und Methoden.

4.2.5 Röh: Soziale Arbeit, Gerechtigkeit und das gute Leben

Dieter Röh hat eine Handlungstheorie zur daseinsmächtigen Lebensführung entworfen. In dieser setzt er sich mit der Frage nach Gerechtigkeit als ethischem Grundsatz und dem Streben nach dem Guten auseinander. Soziale Arbeit wird als Veränderung zum Besseren gesehen. Dabei wird Gerechtigkeit als die Richtung, in die gegangen werden muss, verstanden und das gute Leben gibt den Maßstab dafür an. Inspiriert wurde Röhs Theorie vom Capabilities Approach, da er im Sinne Röhs das Gute mit dem Gerechten zusammenbringt, denn zu einem menschengerechten Gesellschaftsbild gehört sowohl eine Gerechtigkeitstheorie als auch eine reflektierte und kritische Strebensethik (vgl. Engelke et al. 2018). Eine menschengerechte Ethik baut Röhs Meinung nach auf zwei Bedingungen auf:

- Einerseits müssten die Bürger*innen nicht nur ein egoistisches Bedürfnis aneinander haben, sondern auch aufeinander achten, sich gegenseitig anerkennen und für eine gerechte Ressourcenverteilung sorgen.
- Andererseits kann dieses Miteinander nur bei einer vernünftigen Lebensführung funktionieren. Mit einer vernünftigen Lebensführung ist die Wahl von Lebenszielen sowie die Achtung der Lebensziele anderer Menschen gemeint.

Gutes Leben als objektiver Maßstab, der auf der gesellschaftlichen Ebene angestrebt wird, geht also mit der Fähigkeit, gut zu leben, die auf der persönlichen Ebene avisiert wird, einher. Röh (2016) unterscheidet entsprechend in seiner Theorie gesellschaftliche von persönlichen Möglichkeiten bzw. Möglichkeitsräumen.

In diesem Sinne können gesellschaftliche Möglichkeitsräume sowohl Chancen für eine daseinsmächtige Lebensführung bieten als auch Barrieren besitzen, die die Weltaneignung behindern. Mit Weltaneignungsmöglichkeiten ist die ausreichende Ressourcenausstattung gemeint. Dazu zählt beispielsweise, genügend Einkommen zu erzielen und eine gesunde Wohnumgebung vorzufinden. Ist die Weltaneignung aber durch mangelnde Ressourcen begrenzt, wird die Lebensführung nicht verhindert, aber dennoch im Sinne eines guten Lebens gefährdet. In diesem Kontext hat der Staat die Aufgabe, Rahmenbedingungen zu schaffen, die dem Menschen ein Mindestmaß an Capabilities ermöglicht.

Bei dem persönlichen Möglichkeitsraum hingegen geht es um die Fähigkeit, eine gute Entscheidung treffen zu können. Diese Fähigkeit kann beispielsweise aufgrund einer schweren psychischen Krise eingeschränkt sein. Denn nur, weil Ressourcen zugänglich sind, bedeutet das nicht, dass sie auch tatsächlich genutzt werden (können). Um Ressourcen zu transformieren, sind neben individuellen Fähigkeiten auch kulturelle und gesellschaftliche Werte und Normen zentral. Das bedeutet, die Möglichkeiten, aber auch Begrenzungen im Hinblick auf die Lebensführung von Menschen sind eng mit der Umwelt verknüpft (vgl. Röh 2013).

Daseinsmächtigkeit wird als das Leitbild einer die Befähigung der Subjekte und die Veränderung der Umwelt umfassenden systematischen Betrachtungsweise von handelnden Individuen in sie beeinflussenden Strukturen verstanden. Gerechtigkeit wird als Produkt gesehen, dass persönliche und gesellschaftliche Möglichkeitsräume miteinander verbindet.

Im Rahmen von Sozialer Arbeit wird die Stärkung von Handlungsfähigkeit sowie die Bildung befähigender Strukturen unterstützt. Ihr Ziel ist es also, für Gerechtigkeit in dem Sinne zu sorgen, dass befähigende Strukturen gebildet werden und damit die individuelle Lebensführungskompetenz gestärkt wird. Es geht also um die Erweiterung des persönlichen und des gesellschaftlichen Handlungsspielraums, sodass mehr Menschen ein gutes Leben unter gerechten Bedingungen leben können und daseinsmächtig(er) werden (vgl. Röh 2016).

Aufgabe 17:
Nachdem Sie die Grundzüge der Handlungstheorie von Röh kennengelernt haben, setzen Sie sich nun mit dieser im Hinblick auf Ihre eigene Lebenssituation auseinander. Wo lassen sich bei Ihnen bereits befähigende Strukturen finden? Wo besteht noch Handlungsbedarf? Was müsste sich ändern, damit Sie ein Ihrer Meinung nach gutes Leben unter gerechten Bedingungen führen können?

4.3 Zusammenfassende Betrachtung

Die Entwicklung der Profession Sozialer Arbeit ist eng mit Gerechtigkeitsdiskursen verbunden. Dabei haben die meisten Theorien gemeinsam, dass sie auf den Capabilities Approach Bezug nehmen. Ihre Begründer*innen Sen und Nussbaum verstehen unter einer sozial gerechten Gesellschaftsordnung, dass sie gewährleistet, dass alle Bürger*innen bestimmte Fähigkeiten ausbilden können, die als wesentlich für den Menschen angesehen werden können. Schrödter (2007) hält fest, dass Fragen der sozialen Gerechtigkeit im Sinne der Gleichverteilung von Verwirklichungschancen unter Rückgriff auf ein Kriterium von minimal notwendig erachteten Verwirklichungschancen beantwortet werden müssen. Die spezifische Verortung des sozialen Minimums ist wiederum Gegenstand politischer Auseinandersetzungen. Allerdings bedeutet die Aushandlung des sozialen Minimums nicht, dass Soziale Arbeit als Profession allein von diesem politischen Diskurs abhängig ist. Selbstverständlich sollten sich Sozialarbeiter*innen für die Bemessung eines soziokulturellen Existenzminimums einsetzen. Aber das bedeutet nicht, dass sie beim Scheitern ihre eigenen Standards diesen politischen Diskurs angleichen (müssen). Genauso ist Soziale Arbeit nicht von einer bestimmten Gerechtigkeitstheorie abhängig. Vielmehr handelt es sich bei Gerechtigkeitstheorien um Aussagensysteme über Gerechtigkeitsnormen. Gerechtigkeitsnormen sind wiederum Imperative, die methodisch begründet bzw. kritisiert oder praktisch begründet werden können. Weil sich Soziale Arbeit als eine normative Praxis versteht, muss sie konkrete Arbeitsformen, Methoden und Techniken benennen, wodurch sie bereits bestimmte Gerechtigkeitsnormen beansprucht. In diesem Sinne zieht Schrödter (2007, S. 19) folgendes Resümee:

> „Soziale Arbeit als Profession ist dem gesellschaftlichen Zentralwert der sozialen Gerechtigkeit verpflichtet, muss aber nicht notwendig eine konkrete Gerechtigkeitsnorm einhellig vertreten. So mögen Sozialpädagogen unterschiedliche, gleichermaßen gut begründete Vorstellungen davon vertreten, wie Soziale Arbeit gerechtigkeitstheoretisch zu fundieren sei und welche Gerechtigkeitsnormen Soziale Arbeit zu vertreten habe. Aber mit dieser besonderen Begründung steht und fällt nicht die Bestimmung von Sozialer Arbeit als eine Profession, die der Gewährleistung sozialer Gerechtigkeit dient.“

Aufgabe 18:
Zum Abschluss des Kapitels über Gerechtigkeitstheorien geht es in dieser Aufgabe nun darum, selbst zu verorten, welche gerechtigkeitstheoretischen Grundzüge Ihr professionelles Selbstverständnis prägen. Bitte halten Sie deshalb schriftlich fest, auf welchem gerechtigkeitstheoretischen Fundament Ihr Verständnis von Sozialer Arbeit fußt.

5 Gerechtigkeitskompetenzen als Fundament der Sozialen Arbeit

Nicht zuletzt durch den aktivierenden Staat steht die Soziale Arbeit vor neuen Herausforderungen. Ihr klassisches Berufsethos, nämlich den Menschen in erster Linie so zu akzeptieren, wie er ist, und ihm einfach helfen zu wollen, mitsamt des Wissens um begrenzte Finanzierungsmodalitäten und gesellschaftliche Ansprüche im Zuge der Moderne, gerät ins Wanken. Damit einhergehend schwindet ihre ethische Basis, die sich am Individuum in der jeweiligen Lebenswelt orientiert. Zunehmend fungieren Angebote der Sozialen Arbeit als Dienstleistungen, die sich an eine immer breitere und anonymer werdende Zielgruppe wenden.

Mit der Ökonomisierung verändert sich auch die Sicht auf den Menschen, der nun überwiegend als Gestalter*in ihrer*seiner Lebenswelten verstanden wird. Ronald Lutz (2011, S. 66) vertritt die Auffassung, dass der Mensch oftmals

> „nur noch vom Anspruch der Moderne her ein Gestaltender (ist), da seine Möglichkeiten, durch die Gewalt äußerer und innerer Umstände beeinträchtigt, erschöpft, behindert oder auch verkümmert sind: Sein Handeln erweist sich dann nicht als Gestalten, sondern als Passivität, als Reaktion auf äußere Zwänge, als von außen geleitet, als defizitär und sich und andere gefährdend."

Um Menschen in Problemsituation zu helfen, hält die Soziale Arbeit entsprechende Angebote vor. Um trotz der gegenwärtigen Entwicklungen nicht ihre Idee von sozialer Gerechtigkeit in (der Theorie und) der Praxis zu verlieren und zugleich den Ansprüchen der Moderne nachzukommen, gilt es die Grundmauern der Sozialen Arbeit zu reformulieren.

5.1 Aneignung von Gerechtigkeitskompetenzen

Für die Profession Soziale Arbeit gehören ethische Standards zur „Tagesordnung". Sie fühlt sich zur Förderung sozialer Gerechtigkeit verpflichtet, ist dennoch nicht abhängig davon, sich auf eine bestimmte Gerechtigkeitstheorie festzulegen. Vielmehr ist für die Wissenschaftspraxis konstitutiv, dass überhaupt Theorien und Methoden angewandt werden und über ihre Geltung (im Hinblick auf den Zentralwert der Wahrheit) gestritten wird (vgl. Schrödter 2007).

Sozialarbeiter*innen arbeiten mit Menschen, die unter sozialer Deprivation leiden, und gewährleisten ihnen ein soziales Minimum an Verwirklichungschancen. Dieser Umstand bedeutet nicht, dass dies der sozialen Gerechtigkeit dient. Vielmehr ist zwischen einer *gerechten Handlung,* die einem speziellen Menschen dient, und der *Herbeiführung gerechter Zustände* zu unterscheiden. Um Menschen in Mangelsituationen dahingehend zu unterstützen, dass sie das bekommen, was ihnen (sozialrechtlich) zusteht, können bereits im Studium der Sozialen Arbeit entsprechende Kompetenzen angeeignet werden. Dabei stellt die Gerechtigkeitskompetenz nur eine Dimension professioneller Handlungskompetenz dar. Die Sozialarbeiterin Hiltrud von Spiegel (2001) hat sich intensiv mit den für den Alltag der Fachkräfte notwendigen Handlungskonzepten auseinandergesetzt. Für sie zeigt sich professionelle Handlungskompetenz in einem Zusammenwirken von Wissen, Können und Haltung. Hierzu hat sie einen Orientierungsrahmen entworfen, der arbeitsfeldübergreifende Anforderungen beinhaltet. Es wird zwischen der Fall- und der Managementebene differenziert, wobei nachfolgend der Fokus auf der Fallebene liegt. Hier wird bestimmt, welche Fähigkeiten Sozialarbeitende benötigen, um ihre Person als Werkzeug – im Sinne von Kopf-Hand-Herz – einsetzen zu können.

- *Wissen:*

  Beim Wissen, über das Sozialarbeitende verfügen sollten, kann zwischen Beobachtungs- und Beschreibungswissen, Erklärungs- und Begründungswissen, Wertewissen sowie Handlungs- und Interventionswissen unterschieden werden. Während mit Beobachtungs- und Beschreibungswissen die strukturierte Informationssammlung über eine aktuelle Situation oder ein Problem gemeint ist, bezieht sich das Erklärungs- und Begründungswissen auf wissenschaftliches Wissen. Dieses wird zur Erklärung von Zusammenhängen und zur Begründung von Handlungen eingesetzt. Hingegen nimmt das Wertewissen Bezug auf normative Postulate. Diese wertebasierten Vorstellungen

begründen also Verhaltensleitlinien, wie sie beispielsweise in den berufsethischen Prinzipien des DBSH zu finden sind. Unter dem Interventionswissen werden Kenntnisse über Handlungskonzepte, in denen wiederum die oben genannten Wissensbestände genutzt werden, verstanden.
Inwieweit Sozialarbeitende über diese unterschiedlichen Wissensbestände verfügen und auf welche Kenntnisse sie zur Lösung eines Falls zurückgreifen, zeigt sich dann tatsächlich nur in der konkreten praktischen Arbeit.

- *Können:*
  Beim Können geht es um Fähigkeiten, über die eine professionelle Fachkraft verfügen sollte. Hierzu zählen grundlegend kommunikative Fähigkeiten, die Basis für die Beziehungsarbeit mit der jeweiligen hilfesuchenden Person und ihrem Umfeld sind. Entsprechend gehört auch die Fähigkeit zur Gestaltung von Kommunikationssituationen dazu, womit vor allem das Einlassen auf die Sprache des Gegenübers gemeint ist. Ebenfalls zählen die Fähigkeit zum Verhandeln über die Aufgabenbearbeitung und die Zielfestlegung sowie die Fähigkeit zum dialogischen Handeln zur Dimension Können. Das dialogische Vorgehen ist für Sozialarbeiter*innen von zentraler Bedeutung. Denn es geht hier um das Einlassen auf die Lebenswelt der Adressat*innen, um in einem gemeinsamen Aushandlungsprozess eine gute Lösung für das jeweilige Problem finden zu können. Aus diesem Grund sollte ebenfalls die Fähigkeit zur Vermittlung zwischen den an einem Fall beteiligten Akteur*innen und der interdisziplinären Zusammenarbeit vorhanden sein.
- *Haltung:*
  Unter Haltung wird die persönliche Einstellung, die sich in Werten und Überzeugungen zeigt, verstanden. Sie wird in Sozialisations- und Reflexionsprozessen erworben und hat, wie auch die Dimensionen Wissen und Können, Einfluss auf die Orientierung des Handelns. Die Reflexion eigener Wertestandards zeichnet genauso eine*n professionelle*n Sozialarbeitende*n aus wie die Reflexion von Schuldzuschreibungen und die Einübung professioneller Distanz. Denn zum einen sollte für professionell Helfende selbstverständlich sein, dass Lebensentwürfe und Verhaltensweisen genauso unterschiedlich wie Menschen sind, zum anderen sollten sie immer wieder über die Angemessenheit des Nähe-Distanz-Verhältnisses zu ihren Adressat*innen nachdenken. Und schlussendlich sollte selbstverständlich die Reflexion der eigenen beruflichen Haltung zu den Kompetenzen von Sozialarbeitenden gehören.

Aufgabe 19:
Kommen wir nun zu der spezifischen Fähigkeit der Gerechtigkeitskompetenz. Welche Inhalte sollten die Dimensionen Wissen, Können und Haltung aus Ihrer Sicht im Sinne der Gerechtigkeitskompetenz umfassen?

Bei dem Begriff „Gerechtigkeitskompetenz" handelt es sich um die Wahrnehmungsfähigkeit für Recht und Unrecht, Gleichheit und Ungleichheit (vgl. Negt 1993). Ausgehend von der Deklaration der Menschenrechte und den im Grundgesetz verankerten Grundrechten ist nach ihrer Verwirklichung und möglichen Einschränkungen zu fragen. Wie ist es nun möglich, im Rahmen des Studiums Sozialer Arbeit Grundlagen der Gerechtigkeitskompetenz zu erwerben? Hier geht es darum, dass angehende Sozialarbeiter*innen, aufbauend auf der individuellen Fähigkeit, Recht und Unrecht wahrzunehmen, die Kompetenz erlangen, Enteignungen offenzulegen und Strategien für die Rückgängigmachung von Rechtsverletzungen erarbeiten. Dafür ist es sinnvoll, Probleme der Gerechtigkeit/Ungerechtigkeit zunächst am konkreten Fall oder an konkreten Zuständen aufzudecken und diese zur Diskussion über individuelles und/oder gesellschaftliches Verständnis von Gerechtigkeit zu stellen.

5.1.1 Fallvignette Sascha: geschlossener Heimbereich

Fallvignette „Sascha"
Lesen Sie sich zunächst die Fallvignette „Sascha" durch:

Seitdem Sandra den Klassiker „Asyle: Über die soziale Situation psychiatrischer Patienten und anderer Insassen" von Erving Goffman (1961) gelesen hat, interessiert sie sich sehr für „totale Institutionen". Die totale Institution „lässt sich als Wohn- und Arbeitsstätte einer Vielzahl ähnlich gestellter Individuen definieren, die für längere Zeit von der übrigen Gesellschaft abgeschnitten sind und miteinander ein abgeschlossenes, formal reglementiertes Leben führen" (Goffman 1961, S. 11). Alle Angelegenheiten des Lebens finden am gleichen Ort, umgeben von Gleichgesinnten, statt. Es gibt keine Trennung mehr zwischen unterschiedlichen Lebensbereichen wie Arbeit, Wohnen und Freizeit. Darüber hinaus kommt es durch das Erleben von

„Drinnen-Sein" und „Hinauskommen" zu einer Spannung zwischen der eigenen Lebenswelt und der Welt der Institution.

Aufgrund ihres Interesses für totale Institutionen freut sich Sandra sehr, im Rahmen des Studiums der Sozialen Arbeit ein Praktikum im geschlossenen Heimbereich nach § 1906 BGB absolvieren zu können. Hierbei handelt es sich um eine Einrichtung, in der Personen gegen den eigenen Willen im begrenzten Bereich eines geschlossenen Krankenhauses oder einer anderen geschlossenen Einrichtung festgehalten und ständig überwacht werden.

Sandra hat nun mit ihrem Praktikum in Sehnde/Hannover (Niedersachsen) begonnen. An ihrem dritten Tag lernt Sandra im Essensraum den Bewohner Sascha kennen. Sie kommen ins Gespräch. Sascha erzählt ihr, dass er 25 Jahre alt ist und seit fast einem Jahr hier im geschlossenen Heimbereich in Niedersachsen, fern ab seiner Heimat in Berlin, untergebracht wurde. Sandra fragt nach dem Grund des Beschlusses, woraufhin ihr Sascha seine bisherigen Drogenerfahrungen und -erlebnisse von seinem 15. Lebensjahr bis heute schildert. Immer wieder betont er, dass er durch Freunde an Drogen gekommen sei. Sein Weg endete dann schlussendlich, nachdem er zahlreiche Entgiftungen durchlaufen hatte, in einem sozialtherapeutischen Wohnheim. Hier habe er sich ziemlich wohl gefühlt. Als er vom Tod seiner Oma erfuhr, habe er neben sich gestanden und gegen eine Regel des Wohnheims, nämlich die absolute Abstinenz, verstoßen. Er habe einfach, um sich zu betäuben, einen Joint geraucht. Aufgrund des Verstoßes musste Sascha das Wohnheim umgehend verlassen. Infolgedessen habe er mehrere Wochen auf der Straße verbracht und wurde mehrfach von der Polizei zur Ausnüchterung in Gewahrsam genommen. Diese haben nun auch auf die Einweisung in ein psychiatrisches Krankenhaus bestanden. Von dort sei er direkt hierher, ohne das mit ihm darüber gesprochen wurde, gekommen. Seitdem hadere er mit seinem Schicksal, eingesperrt zu sein. Am meisten nerve ihn, dass er sich mit vielen Mitbewohner*innen nicht unterhalten könne, in einem Zweibettzimmer untergebracht sei und seinen Glauben nicht ausleben dürfe. Sobald Sascha nämlich in der Bibel lese und bete, würde dieses als krankhaft im Sinne eines religiösen Wahns gewertet werden. Daneben fehle ihm eine Tagesstruktur und eine Beschäftigung, so würde er den ganzen Tag nur rauchen und auf das Essen warten. Sein Ziel sei es, wieder aus der Einrichtung entlassen zu werden, er habe aber gleichzeitig Angst vor der Reaktion seiner Mutter und seiner Schwester. Der Kontakt sei inzwischen ziemlich gering. Er habe per SMS erfahren, dass er inzwischen Onkel von „Mary“ geworden sei. Aber weder ein Bild habe er erhalten noch Besuch von ihnen bekommen.

Saschas Erzählung hat Sandra ziemlich nachdenklich gestimmt. Weil ihr der Nutzen ihrer Praktikumsstelle nicht einleuchten möchte, fragt sie Sascha nach den Sinn einer geschlossenen Einrichtung. Er beantwortet ihre Frage so: „Also, ich denke, mir hätte auch etwas anderes geholfen. Weil die Umgebung auch ein großer Punkt ist, der auf einen einwirkt. Das macht es einem hier nicht unbedingt einfacher. Mir fehlt hier ein bisschen Freiheit, persönliche Freiheit. Die ist hier knapp. Man muss für jeden kleinen Mist fragen. Ich bin hier, weil ich ja in die Entgiftung wollte. Absichtlich, damit ich eine Entgiftung kriege. Weil ich nicht auf der Straße sein wollte.“ Im weiteren Gesprächsverlauf zeigt sich, dass sich Sascha von professioneller Seite unverstanden fühlt. Er möchte Hilfe haben, aber um sie auch annehmen zu können, möchte er in seiner Autonomie, Selbstbestimmung und persönlichen Freiheit anerkannt werden.

Bitte arbeiten Sie nun mit der Fallvignette Sascha:
1. Wo sehen Sie Ungerechtigkeiten in diesem Fall?
2. Kommt es in diesem Fall auch zu Menschenrechtsverletzungen? Und, wenn ja, zu welchen?

Der Fall Sascha verdeutlicht, in welchem Dilemma das Hilfesystem steckt, wenn es mit sogenannten „Systemsprenger*innen“ konfrontiert wird. Wenn die Menschen nicht zum System passen, kann der Weg, etwas überspitzt dargestellt, schnell im geschlossenen Bereich oder in der Obdachlosigkeit enden. Bei dem oben genannten Fall handelt es sich um einen Mann, den ich im Rahmen eines Interviews für meine Forschung kennengelernt habe, also eine wahre Begebenheit. Neben vielen negativen Seiten hat Sascha auch auf den Nutzen geschlossener Einrichtungen hingewiesen, wie z. B.:

- Eigenschutz,
- Abstinenz,
- kontrollierte Einnahme von Medikamenten,
- „Dach über den Kopf“,
- regelmäßige Mahlzeiten,
- Zeit zum Nachdenken.

Zwangsmaßnahmen sind deshalb so umstritten, weil sie in zentrale Persönlichkeitsrechte eingreifen. Laut Grundgesetz ist nicht nur die Würde des Menschen (Artikel 1) unantastbar, sondern jede Person hat auch das Recht auf körperliche Unversehrtheit (Artikel 2). Die Freiheit einer Person ist demnach unverletzlich. Ebenfalls ist die Selbstbestimmung einer der zentralen Kerngedanken in der Allgemeinen Erklärung der Menschenrechte: Jedem Menschen kommt das Recht zu, sein Leben selbstbestimmt zu leben, seine eigenen Angelegenheiten frei und ohne die Einmischung anderer Menschen oder des Staates zu gestalten – soweit nicht die Rechte anderer oder die anerkannten Regeln der Gemeinschaft verletzt werden. Entsprechend gibt es Ausnahmesituationen. Die rechtsstaatlichen Regelungen können in den Landesgesetzen über Hilfen und Schutzmaßnahmen bei psychischen Krankheiten (PsychKG) sowie im Bundesbetreuungsrecht (BtG im BGB) nachgelesen werden. Ziel der Unterbringung nach den Ländergesetzen ist die Abwendung einer erheblichen Selbst- oder Fremdgefährdung.

Das der geschlossene Heimbereich dennoch nicht mehr zeitgemäß ist, wird deutlich, wenn man sich Artikel 19 der UN-BRK ansieht:

> „Die Vertragsstaaten dieses Übereinkommens anerkennen das gleiche Recht aller Menschen mit Behinderungen, mit gleichen Wahlmöglichkeiten wie andere Menschen in der Gemeinschaft zu leben, und treffen wirksame und geeignete Maßnahmen, um Menschen mit Behinderungen den vollen Genuss dieses Rechts und ihre volle Einbeziehung in die Gemeinschaft und Teilhabe an der Gemeinschaft zu erleichtern, indem sie unter anderem gewährleisten, dass
>
> a) Menschen mit Behinderungen gleichberechtigt die Möglichkeit haben, ihren Aufenthaltsort zu wählen und zu entscheiden, wo und mit wem sie leben, und nicht verpflichtet sind, in besonderen Wohnformen zu leben;
>
> b) Menschen mit Behinderungen Zugang zu einer Reihe von gemeindenahen Unterstützungsdiensten zu Hause und in Einrichtungen sowie zu sonstigen gemeindenahen Unterstützungsdiensten haben, einschließlich der persönlichen Assistenz, die zur Unterstützung des Lebens in der Gemeinschaft und der Einbeziehung in die Gemeinschaft sowie zur Verhinderung von Isolation und Absonderung von der Gemeinschaft notwendig ist;

c) gemeindenahe Dienstleistungen und Einrichtungen für die Allgemeinheit Menschen mit Behinderungen auf der Grundlage der Gleichberechtigung zur Verfügung stehen und ihren Bedürfnissen Rechnung tragen."

Im Fall von Sascha liegt hier ein deutlicher Verstoß gegen die UN-BRK Artikel 19 „Unabhängige Lebensführung und Einbeziehung in die Gemeinschaft" aufgrund der Abwesenheit von Wahlmöglichkeiten bzw. Alternativen vor. Wurden Leistungen im Rahmen von Wohnheimen bisher als Komplexleistungen erbracht, soll durch die Umsetzung des BTHGs, dass in vier zeitversetzten Reformstufen bis 2023 in Kraft tritt, eine Trennung von Unterkunfts- und Fachleistungen stattfinden. Inwieweit das BTHG auch auf den geschlossenen Heimbereich Einfluss nehmen wird, wird sich in den nächsten Jahren zeigen. So ist die Förderung der Teilhabe von Menschen mit Behinderungen eine zentrale und gesetzlich verankerte Zielsetzung von Trägern der Eingliederungshilfe.

Aufgabe 20:
Nachdem Sie anhand der Fallvignette „Sascha" Ungerechtigkeitserfahrungen und Menschenrechtsverletzungen herausgearbeitet haben, geht es nun um die Auseinandersetzung mit Lösungsstrategien. Welche Ideen haben Sie, wie Sozialarbeiter*innen im geschlossenen Heimbereich die Teilhabemöglichkeiten ihrer Klient*innen, im Sinne des BTHGs, fördern können?

Konkret für den Personenkreis in geschlossenen Einrichtungen bedeutet die UN-BRK langfristig die Abschaffung stationärer Wohnformen. Entsprechend ist ein ambulantes Netzwerk für die unterschiedlichen Unterstützungsbedarfe, bestehend aus multiprofessionellen Teams, aufzubauen. Es sollte vermehrt um eine Personen- und nicht um eine Institutszentrierung gehen. Ebenfalls ist eine stärkere Einbeziehung der Adressat*innen anzustreben.

Um Teilhabechancen zu ermöglichen, ist für Sozialarbeiter*innen eine Beziehungsorientierung notwendig, in der Unterstützungsangebote als ein dialogischer Prozess zu verstehen sind. Entsprechend werden Problemlösungen gemeinsam ver- und ausgehandelt. Einer dialogischen Gestaltungsdiagnostik ist der klassischen Diagnostik gegenüber der Vorrang zu geben, da sie auf kommunikativen Prozessen beruht und subjektive Sinndeutungen berücksichtigt werden (z. B. in Form von Netzwerkkarten und Genogrammen).

Daneben ist die Vernetzung und die Zusammenarbeit sozialpsychiatrischer Einrichtungen mit dem Sozialraum zentral und ein wesentlicher Schritt in Richtung Teilhabe.

5.1.2 Fallvignette Bianca: ambulant betreutes Wohnen

Fallvignette „Bianca"
Lesen Sie sich zunächst die Fallvignette „Bianca" durch:

Seit seinem Bachelorabschluss in Sozialer Arbeit vor drei Jahren arbeitet Sebastian im ambulant betreuten Wohnen. Die Menschen, mit denen er arbeitet, sind überwiegend geistig beeinträchtigt. Hinzu kommen bei einem Teil seiner Adressat*innen noch psychische Störungen und Suchtmittelabhängigkeiten. Hier hat er auch das Paar Bianca und Bert kennengelernt. Beide sind 25 Jahre alt und arbeiten in einer Werkstatt für behinderte Menschen. Sie wohnen bei Biancas Eltern, die ebenfalls Unterstützung durch einen gesetzlichen Betreuer erfahren. Bisher hat sich Sebastians Unterstützung vor allem auf den lebenspraktischen Bereich bezogen: Einkaufen, Kochen, Ordnung im Nahbereich schaffen sowie das Wäsche machen gehörten dazu. Denn beide Adressat*innen können weder lesen noch schreiben. Nun hat Bianca Sebastian eröffnet, dass sie schwanger ist. Sie freut sich sehr darüber, Bert ist noch etwas verhaltener. Da das Pärchen die Schwangerschaft noch nicht beim Arzt abklären lassen hat, macht Sebastian einen Termin für den nächsten Tag aus. Gemeinsam fahren sie dorthin und erhalten kurze Zeit später die Nachricht, dass Bianca tatsächlich schwanger ist – und zwar bereits in der 20. Schwangerschaftswoche! Der Arzt macht Sebastian darauf aufmerksam, dass der Zeitpunkt folglich für einen Schwangerschaftsabbruch zu spät sei. Durch die Adipositát von Bianca überweist er sie sogleich für einen weiteren Ultraschall an das hiesige Krankenhaus, da seine Untersuchungsgeräte nur für „normalgewichtige" Personen ausgelegt sind.

Die Wochen gehen ins Land, Bianca und Bert freuen sich auf ihren kleinen Sohn, denn das Geschlecht steht inzwischen fest. Sebastian hat sich währenddessen mit dem Jugendamt in Verbindung gesetzt. Die zuständige Sozialarbeiterin hat den werdenden Eltern eine Babypuppe zum Lernen mitgegeben. Mit Sebastian ist sie so verblieben, dass er sie über die

Geburt des Kindes informieren soll. Als Alexander dann das Licht der Welt erblickt, wurden Bianca und Bert, auf Anraten des zuständigen Arztes, zunächst für eine Woche in ein Familienzimmer zur besseren Überwachung des Umgangs mit ihrem Neugeborenen untergebracht. Die Woche verlief soweit gut, sodass Bianca mit ihrem Baby kurze Zeit später entlassen wurde. Ihr wurde sogleich eine Mitarbeiterin der Sozialpädagogischen Familienhilfe an die Seite gestellt, die für zwei Stunden pro Tag – mit Ausnahme des Wochenendes – zu Besuch kam. Nach vier Tagen suchte sie den Kontakt zu Sebastian und teilte ihm mit, dass der Unterstützungsbedarf viel größer sei als das, was sie abfangen könne, beispielsweise würde Bianca die Milchflasche völlig falsch zubereiten. Sie habe bereits mit dem Jugendamt Rücksprache gehalten und sie haben eine Wohngruppe für junge Mütter mit Kindern für Bianca in der Nähe ihres Heimatortes gefunden. Bianca ist verzweifelt. Sie möchte nicht weg von ihrem Freund und ihren Eltern. Sie hat große Angst und bittet Sebastian um Hilfe, doch ihm sind die Hände gebunden. So zieht Bianca zwei Tage später mit ihrem Sohn in die Wohngruppe ein. Dort fühlt sie sich von Anfang an nicht wohl, u. a. weil ein Babyphone rund um die Uhr in ihrem Zimmer eingeschaltet ist und der Sender im Mitarbeiterbüro liegt. Sebastian besucht Bianca in der Einrichtung. Sogleich kommt die Leitung auf ihn zu und erzählt ihm, dass die Wohngruppe für Bianca aufgrund ihrer kognitiven Beeinträchtigung ungeeignet sei. Die anderen Mitbewohnerinnen meiden sie. Die Sozialarbeiterin vom Jugendamt weiß Bescheid. Vier Tage später wird Bianca vor die Wahl gestellt: Sie könne in ein Mutter-Kind-Wohnheim einziehen, dass genau auf ihre Bedürfnisse auslegt ist. Allerdings ist dieses fast 400 Kilometer von ihrer Heimat entfernt. Tut sie dieses nicht, würde Alexander in eine Pflegefamilie kommen. Sebastian versucht Bianca bei ihrer Entscheidungsfindung möglichst neutral zu unterstützen. Sie ist psychisch am Ende. Denn sie möchte weder ohne Bert und ihre Eltern noch ohne ihren Sohn sein. Nach einem weiteren Tag entscheidet sie sich schweren Herzens dafür, in ihrer gewohnten Umgebung zu bleiben. Kaum ist die Entscheidung gefallen, kommt Alexander zu einer Pflegefamilie. Regelmäßige Besuchszeiten in den Räumlichkeiten des Jugendamtes werden Bianca zugesichert.

Bitte arbeiten Sie nun mit der Fallvignette Bianca:

1. Wo sehen Sie Ungerechtigkeiten?
2. Kommt es auch zu Menschenrechtsverletzung? Und, wenn ja, zu welchen?

Der Fall Bianca greift ein äußerst brisantes Thema in Form der Elternschaft bei Menschen mit geistiger Behinderung auf. Laut den Menschenrechten der Vereinten Nationen ist jeder Mensch von der Geburt an frei und hinsichtlich seiner Würde und Rechte mit allen anderen gleichgestellt. Grundsätzlich hat also jeder Mensch das Recht, die Entscheidung für oder gegen eigene Kinder selbst zu treffen, wie im Fall Bianca. Dennoch zeigt sich, dass sie unter besonderer Beobachtung stand, wie beispielsweise durch Ärzt*innen, Betreuer*innen, Mitarbeiter*innen des Jugendamtes und die Familie.

Im Fall von Bianca wurde das Jugendamt zwar zeitnah eingeschaltet, dennoch wurde an der Erziehungskompetenz der Eltern nur marginal im Vorfeld gearbeitet. Bianca und Bert hatten aufgrund ihrer kognitiven Beeinträchtigung einen hohen Bedarf an Unterstützung. Dieser konnte ambulant durch das Hilfesystem nicht abgefangen werden, sodass am Ende die Herausnahme des Kindes in eine Pflegefamilie erfolgte. Hier zeigt sich die Diskrepanz zwischen Recht und Wirklichkeit deutlich.

Seit Einführung des Grundgesetzes im Jahr 1949 ist Zwangsverhütung bei Menschen mit Behinderung in Deutschland verboten. So regelt § 1905 BGB, dass „betreute" Menschen nicht gegen ihren Willen sterilisiert werden dürfen. Sie haben ein Recht auf das Elternsein. Auch Kinder haben Rechte. Diese wurden in der Kinderrechtskonvention der Vereinten Nationen im Jahr 1989 festgehalten. Demnach hat nach Artikel 7 Abs. 1 jedes Kind das Recht, seine Eltern zu kennen und von ihnen betreut zu werden. Artikel 9 Abs. 1 besagt, dass ein Kind nicht gegen den Willen seiner Eltern von ihnen getrennt werden darf, außer es besteht eine Kindeswohlgefährdung im Sinne von Misshandlung oder Vernachlässigung. Im Fall von Bianca lag die Verletzung der Fürsorgepflicht aus Sicht der Mitarbeiterin des Jugendamtes vor.

Aufgabe 21:
Nachdem Sie anhand der Fallvignette „Bianca" Ungerechtigkeitserfahrungen und Menschenrechtsverletzungen herausgearbeitet haben, geht es nun um die Auseinandersetzung mit Lösungsstrategien. Welche Ideen haben Sie, wie Sozialarbeiter*innen die Teilhabemöglichkeiten von Eltern mit kognitiver Beeinträchtigung fördern können?

Obwohl durch die veränderte Rechtslage Menschen mit einer Behinderung ein Recht auf Elternschaft zugesprochen wird, ist dies in der Praxis der Sozialen

Arbeit nicht gänzlich angekommen. Es mangelt an speziellen Unterstützungsmöglichkeiten, um das Spannungsfeld von Elternrecht und Kindeswohl in eine Balance zu bringen. Hierfür ist die Klärung von Zuständigkeiten wichtig, denn es stellt sich grundsätzlich die Frage, ob die Adressat*innen eine Unterstützung aufgrund ihrer Behinderung (Eingliederungshilfe) oder aufgrund ihrer Elternschaft benötigen (Kinder- und Jugendhilfe).

Zudem stehen diesem Personenkreis passgenaue Unterstützungsangebote noch nicht durchgehend wohnortnah und in ausreichender Zahl zur Verfügung, da es in vielen Regionen Versorgungslücken gibt. Gleichzeitig hemmen Ängste vor negativen Konsequenzen, verschärfter Beobachtung sowie einer möglicherweise drohenden Fremdunterbringung des Kindes die Inanspruchnahme professioneller Hilfe. Eine akzeptierende, respektierende und vertrauensvolle Grundhaltung der psychosozialen Helfer*innen kann dabei helfen, diese Befürchtungen zu überwinden.

Es müssen Konzepte entwickelt werden, die den besonderen Bedürfnissen des Personenkreises und ihren Kindern entsprechen. Ebenfalls sollten Wohnformen partizipativ weiterentwickelt sowie flächendeckend ausgebaut werden. Die Beteiligung der Eltern und Kinder bei der Hilfeplanung ist elementar. Es ist ein barrierefreier Zugang zu Beratungsstellen und fachärztlicher Behandlung zu schaffen und entsprechende Informationen sollten in leichter Sprache vorgehalten werden.

5.2 Einflussgrößen auf die sozialarbeiterischen Gerechtigkeitskompetenzen

Gemeinsam ist Sozialarbeiter*innen das Interesse an Menschen sowie die Grundmotivation des Helfen-Wollens und der Sinn für soziale Gerechtigkeit. Dabei wirken unterschiedliche Dimensionen auf das Gerechtigkeitsverständnis ein. Wie in Kapitel 3 dargelegt, gibt es unterschiedliche theoretische Zugänge zu dieser Thematik. Dabei ist weniger relevant, dass sich Sozialarbeitende auf die gleichen wissenschaftlichen Bezüge einigen, als vielmehr, dass es um eine aktive Auseinandersetzung mit Gerechtigkeitsphänomenen in dem jeweiligen Handlungsfeld geht. Dabei kann eine intensive Auseinandersetzung mit dem eigenen Demokratieverständnis, dem jeweiligen Menschenbild und der Ausgestaltung der helfenden Arbeitsbeziehung hilfreich bei der Aus- und Weiterbildung der individuellen Gerechtigkeitskompetenz unter Einbezug des Handlungskontextes sein.

5.2.1 Demokratieverständnis und Soziale Arbeit

Wurde lange Zeit in Deutschland davon ausgegangen, dass unter dem Begriff „Demokratie“ eine soziale Demokratie zu verstehen ist, änderte sich dies im Zuge der SPD-Ära Ende der 1990er Jahre. Denn nun gewann die Idee eines aktiv von staatlicher Seite geförderten Ausbaus des Dienstleistungssektors an Attraktivität (vgl. Streeck/Heinze 1999). Mit dieser Entwicklung wurde zusehends die Idee der sozialen Demokratie als nicht mehr zeitgemäß angesehen und für überregionale gesellschaftliche Zusammenschlüsse die Fokussierung auf den Begriff der „liberalen Demokratie“ oder der „marktkonformen Demokratie“ gefordert (vgl. Ebert 2013).

Im Zuge des Neoliberalismus wurden nicht nur privatwirtschaftliche Unternehmen, sondern auch der öffentliche Bereich von wirtschaftsliberalen Ideen durchgezogen. Damit war der Wunsch verbunden, die öffentliche Verwaltung nach dem Vorbild gewinnorientierter Unternehmen zu gestalten, im Zuge dessen starre bürokratische Strukturen mit dem Ziel aufgebrochen werden, sich dem Marktgeschehen besser anpassen zu können. Dies hatte natürlich auch Auswirkungen auf die Profession Soziale Arbeit, die nach wie vor einen starken Bezug zu demokratischen Grundsätzen gesellschaftlichen Zusammenlebens aufweist.

Aufgabe 22:
Überlegen Sie nun, welchen Bezug Sie zwischen demokratischen Grundsätzen und Sozialer Arbeit sehen.

Die Orientierung an den Prinzipien sozialer Gerechtigkeit und den Menschenrechten spiegelt sich deutlich in ihren Theoriebezügen und -bildungen wieder: Hier wird die Realisierung der Menschenrechte als Realutopie, als konzeptioneller Anspruch oder auch als ethischer Bezugsrahmen fachlichen Handelns begründet. In der Praxis tätige Sozialarbeiter*innen richten ihr Handeln oftmals an den Menschenrechten aus. In sozialen Bewegungen von Adressat*innen wird ebenfalls die Realisierung von Menschenrechten verfolgt (vgl. Weber 2020). Ein Beispiel hierfür ist die EX-IN-Bewegung. Ausgehend vom Recovery-Gedanken, dass Genesung auch bei schweren psychischen Erkrankungen möglich ist, kam zunehmend der Wunsch von psychiatrieerfahrenen Menschen auf, selbst in der Versorgung psychisch erkrankter Menschen arbeiten und als Vermittler fungieren zu wollen. Damit war EX-IN geboren. EX-IN steht für Experienced

Involvement, also für die Beteiligung von Psychiatrieerfahrenen. Sie haben zum Ziel, als Expert*in aus Erfahrung anderen Psychiatrie-Patient*innen nach einer entsprechenden Ausbildung zu helfen.

Das Wechselverhältnis von Sozialer Arbeit und Demokratie zeigt sich aber auch als widersprüchlich. Weil die Soziale Arbeit eng mit politischen Prozessen verwoben ist, ist sie zugleich auch damit in Macht- und Herrschaftsverhältnisse eingebunden. In der Praxis spiegelt sich das Spannungsfeld von Hilfe und Kontrolle einerseits in der Verfolgung von Freiheits-, Schutz- und Teilhaberechten für ihre Adressat*innen, andererseits in der staatlichen Rahmung ihrer Dienstleistung wider.

Dass demokratiepädagogische Konzepte vermehrt Beachtung in der Sozialen Arbeit finden sollten, ist u. a. den Auswirkungen der Aktivierungspolitik geschuldet. Die Prekarisierung von Lebenslagen, wachsende sozialer Ungleichheiten sowie die Einflussnahme durch rechtsextreme gesellschaftliche Kräfte sind nur einige Beispiele hierfür. Nach Kessler/Plößer (2010) laufe die Soziale Arbeit stets Gefahr, u. a. aufgrund ihrer Tendenz, Normalisierungs- und Nützlichkeitsdiskurse in Bezug auf die Lebensweisen von Adressat*innen zu führen, eher daran beteiligt zu sein, Ungleichheit zu reproduzieren als Gleichheit zu fördern.

Oehler (2018) hat neun Handlungsleitlinien für eine demokratische Professionalität und demokratische Handlungspraxis in der Sozialen Arbeit entworfen. Im Mittelpunkt des Oehlerschen Konzeptes steht der Dialog bzw. die Beziehung oder Begegnung als Grundhaltung für die Praxis, um reflektiv zu handeln. Neben dieser zentralen Handlungsleitlinie werden folgende acht demokratische Handlungsorientierungen benannt:

- Interessen wahrnehmen und sich fair miteinander verständigen,
- Konflikte, Widerstände und Kritik als Chance nutzen (um Veränderungen in Gang zu setzen),
- Rechte, Freiheiten und Pflichten achten und schützen,
- Autorität kritisch legitimieren und verantwortlich autoritativ handeln,
- Informationen teilen und zugleich die informationelle Selbstbestimmung achten,
- Wahlmöglichkeiten eröffnen,
- prozess- und zukunftsoffen denken und handeln,
- gemeinsam experimentell forschen und lernen.

Die Idee des gemeinsamen Bündnisses fasst Oevermann (2013) als sogenanntes Arbeitsbündnis zusammen. Das Grundverständnis eines Arbeitsbündnisses liegt darin, dass eine Person Unterstützung benötigt, wenn sie selbst nicht mehr angemessen Sorge für ihre eigenen Probleme tragen kann und deshalb Hilfe in Anspruch nimmt. Hierbei handelt es zugleich um eine Vorrausetzung für die Profession Sozialer Arbeit, tätig zu werden.

5.2.2 Menschenbild im aktivierenden Staat

Weil bei Sozialarbeiter*innen der Mensch mit seinen sozialen Problemen im Fokus des Handelns steht und die Lösungsfindung in einem dialogischen Aushandlungsprozess stattfinden sollte, haben für sie die Werte Menschenwürde, Gerechtigkeit, Gleichheit, Demokratie und Solidarität einen hohen Stellenwert. Dabei ist das zugrunde liegende Menschenbild humanistisch und orientiert sich an den Menschenrechten sowie den entsprechenden ethischen Prinzipien. Dieses Menschenbild gibt Sozialarbeiter*innen eine grundlegende Orientierung in ihrem Handeln und ihrer Kommunikation.

Aufgabe 23:
Nachdem, was Sie nun über die Profession Soziale Arbeit und ihre enge Verzahnung mit der Sozialpolitik erfahren haben, wie schätzen Sie die Auswirkungen durch die Veränderung zum aktivierenden Staat auf das Menschenbild von psychosozial Helfenden ein?

Der Wandel vom Wohlfahrtsstaat zum aktivierenden Staat hat auch zu einer Neuausrichtung der Sozialen Arbeit geführt. Im Zuge der Verdrängung der versorgenden Sozialpolitik des Wohlfahrtsstaates zeigt sich nun eine aktivierende Sozialpolitik. Sie verfolgt die Aktivierung zur Eigenverantwortung. Für die Soziale Arbeit entsteht eine neue Zielgruppe und zwar dahingehend, dass sie sich nun verstärkt um Menschen kümmert, die diesen Anforderungen nicht gerecht werden. Die Hilfen fokussieren nun vor allem darauf, dass sogenannte „unternehmerische Selbst“ im Individuum zu aktivieren. Nach Tilmann Lutz (2011, S. 178) „geht [es] um eine ‚Politik der Lebensführung', um Entscheidungshilfen zur ‚richtigen' Lebensführung – beratend, mit sanftem Druck oder auch handfestem Zwang.“ Infolgedessen würden sich zwei Gruppen von Adressat*innen ergeben: Einerseits die aktivierbaren, zum anderen die nicht-aktivierbaren Menschen. In diesem Sinne müsste sich die Profession Soziale Arbeit von traditionellen und zentralen Werten verabschieden, etwa von der Parteilichkeit, dem Spannungsfeld von Hilfe und Kontrolle sowie von Konzepten wie jenen der sozialen Ungleichheit und sozialen Gerechtigkeit, um sich dann neu definieren zu können. Der Kompromiss dieser Entwicklung liegt wohl darin, sich sowohl kritisch mit den derzeitigen gesellschaftlichen Bedingungen als auch mit den kolonisierenden und entmündigenden Arrangements des Wohlfahrtsstaates auseinanderzusetzen (vgl. Lutz 2011).

Aufgabe 24:
Nach Schrödter (2007) ist Soziale Arbeit als Profession durch ihre Ausrichtung an der Idee der sozialen Gerechtigkeit legitimiert. Sobald Soziale Arbeit nicht mehr die Idee der sozialen Gerechtigkeit verfolgt, verliert sie ihre Existenzberechtigung. Sie ist dann durch andere institutionalisierte Tätigkeitsformen ersetzbar bzw. geht in diesen auf. Wie stehen Sie zu Schrödters Aussage? Welche Aspekte des Menschseins würden Sie im Sinne sozialer Gerechtigkeit als besonders bedeutsam erachten?

Im Sinne sozialer Gerechtigkeit wäre beispielsweise ein anerkennendes, freiheitliches Menschenbild denkbar. Dieses betrachtet den Menschen als ein freies mit Ressourcen ausgestattetes Individuum, dass auf der einen Seite Unterstützung erhalten, auf der anderen Seite aber auch nach Hilfe fragen kann, um wieder zu einem freien Menschen zu werden. Es geht also nicht nur um die eigene Freiheit, sondern genauso um die Anerkennung fremder Freiheit (vgl. Schleule 2008).

Honneth (1992) hat in seiner Theorie der Anerkennung drei Dimensionen herausgearbeitet, wonach die Anerkennung anderer auf folgenden Punkten beruht:

- emotionaler Achtung/der Liebe,
- rechtlicher Anerkennung sich selbst und anderen gegenüber sowie
- wechselseitiger Anerkennung zwischen soziokulturell unterschiedlich individuierten Personen/der Solidarität.

In diesem Sinne wird Anerkennung nach Rawls als Achtung gegenüber den Bedürfnissen der Menschen, die einem nicht gleichgestellt sind, definiert. Auf der Basis eines positiven Menschenbildes und mithilfe von Anerkennung verbinden sich Vorstellungen eines guten Lebens. Nussbaum (1999, S. 17 f.), die durch Aristoteles inspirieren wurde, nennt in ihrer Theorie des guten Lebens eine Liste mit zehn universellen Grundfähigkeiten für ein gutes menschliches Leben:

- Leben und Lebensdauer – imstande sein, ein Leben von normaler Länge zu führen;
- eine gute Gesundheit, eine angemessene Ernährung, eine angemessene Unterkunft, Möglichkeiten der Sexualität, Möglichkeiten der Mobilität;
- die Vermeidung unnötiger Schmerzen;
- die Bindungen zu Dingen und Personen;
- Vorstellungen vom Guten;
- die Verbundenheit mit anderen Menschen, familiäre und soziale Beziehungen;
- die Verbundenheit mit der Natur;
- lachen, spielen und Freude haben;
- kognitive Fähigkeiten wie wahrnehmen, vorstellen, denken;
- die Fähigkeit zur praktischen Vernunft

Erst die Möglichkeit zu einem Mindestmaß der Entfaltung all dieser Konstanten kann zu politisch gerechten Verhältnissen führen und ein Leben in Würde sicherstellen. Entsprechend müsse der Staat Sorge dafür tragen, dass seine Bürger*innen ein gutes Leben führen können, in dem entsprechende Güter, wie Arbeit, Bildung, Gesundheit, ausreichend Ernährung und Unterkunft, jedem zur Verfügung stehen.

Weitere Räume, in denen Freiheiten möglich sind, wären im Senschen Sinne nicht nur soziale Sicherheiten, politische und ökonomische Freiheiten, sondern auch soziale und Partizipationschancen sowie Transparenzgarantien. Mit Transparenzgarantien sind die Anerkennung durch andere sowie die Offenheit füreinander gemeint. Bei diesen Punkten handelt es sich um den Rahmen, in dem Freiheit überhaupt entwickelt werden kann.

Aufgabe 25:
Was bedeutet ein anerkennendes, freiheitliches Menschenbild für Sie?

Soziale Arbeit sollte nicht müde werden, gesellschaftliche Veränderungen, soziale Entwicklungen und den sozialen Zusammenhalt sowie die Stärkung der Autonomie und Selbstbestimmung von Menschen, wie es auch aus der Definition des DBSH hervorgeht, zu fördern. Ronald Lutz (2011) spricht in diesem Kontext von der befreienden Praxis Sozialer Arbeit in der dialogische Prozesse und dialogische Methoden im Mittelpunkt stehen – mit dem Ziel, gemeinsam Lösungen zu erarbeiten.

5.2.3 Helfende Arbeitsbeziehungen demokratisch gestalten

Voraussetzung, um Menschen in schwierigen Lebenssituationen gut unterstützen zu können, ist eine tragfähige Arbeitsbeziehung (vgl. Munro 2011). Eine respektvolle, wertschätzende und empathische Begegnung ist hierfür unerlässlich. Charakteristisch für die helfende Beziehung ist, dass die helfende Person die Absicht hat, „beim anderen Entfaltung, Entwicklung, Heranreifung, besseres Agieren, ein verbessertes Fertigwerden mit dem Leben zu fördern" (Rogers 2004, S. 53). Eine gute Arbeitsbeziehung kommt folglich nicht „einfach so zustande" und hängt auch nicht zwingend davon ab „die gleiche Wellenlänge" zu haben. Vielmehr kann die professionelle Beziehungsarbeit als eine lern- und erfahrbare Methode der Sozialen Arbeit verstanden werden. Sie lässt sich in neun Bausteine gliedern, die im Arbeitsprozess zusammenfließen (vgl. Hancken 2023):

1. Ausgangspunkt ist zunächst die personale Identitätsarbeit und das berufliche Rollenverständnis (*Baustein 1*). Diese eher soziologischen Begriffe lassen sich relativ einfach erklären. Mit Identität sind quasi Bilder über sich selbst gemeint, die mit den Bildern der Außenwelt abgeglichen werden. Identitätsarbeit hat die Schaffung von Lebenskohärenz als Bedingung und als Ziel. In früheren gesellschaftlichen Epochen war die Bereitschaft zur Übernahme vorgefertigter Identitätspakete das zentrale Kriterium für die Lebensbewältigung. Heute kommt es auf die individuelle Passungs- und Identitätsarbeit an, also auf die Fähigkeit zur Selbstorganisation, zum „Selbst-tätig-Werden" oder zur „Selbsteinbettung". Für die praktische Tätigkeit ergibt sich daraus, dass vor allem die Kompetenz des sozialen Sinnverstehens gegenüber biografischer Festlegungen und gesellschaftlicher Ansprüche vorhanden ist. Darüber hinaus spielen auch Werte eine zentrale Rolle. Die Wertewelt ist jeweils auch ein zentraler Rahmen für die eigene Identitätskonstruktion. Hierbei handelt es sich um einen sehr individuellen Baustein, der bei jeder und jedem professionell Helfenden zum Einsatz kommt.
2. Deutlich praxisnäher ist der *Baustein 2,* Kommunikation und Interaktion, bei dem es sich um eine Querschnittskompetenz der Sozialen Arbeit handelt. Denn bevor es überhaupt zu einem tragfähigen Arbeitsbündnis kommen kann, steht die Frage nach dem „wie miteinander ins Gespräch kommen und im Gespräch bleiben" im Raum. Signale des Zuhörens zeigen sich meist von selbst, z. B. durch eine offene Körperhaltung, verstehende Laute wie „hm" oder „ja" sowie durch einen regelmäßigen Blickkontakt. Es gibt eine Reihe von Techniken, um gute Gespräche zu führen. Neben zirkulä-

ren Fragen („Wenn Sie Ihre Anspannung auf einer Skala von null bis zehn einschätzen sollen, wo befinden Sie sich gerade?“) können strategische und reflektierende Fragen („Sie haben mir nun erzählt, dass … Welche Auswirkungen hat das auf Ihr derzeitiges Leben?“) sowie beziehungsfördernde Fragen („Sind Sie damit einverstanden, dass wir zunächst … und dann …?“) zur Anwendung kommen.

3. Beim *Baustein 3* handelt es sich um die „(Grund-)Haltung“ bestehend aus Echtheit, Empathie und Wertschätzung. Haltung kann als Grundeinstellung – erwachsen aus den unterschiedlichen Lern-, Lebens- und Berufserfahrungen und eingebettet in den jeweiligen kulturellen und zeitlichen Kontext – verstanden werden. Haltung zeigt sich in der praktischen Auseinandersetzung mit den Adressat*innen der Sozialen Arbeit in konkreten Aktionen und Begegnungen. Dabei sind eine Orientierung an den Menschenrechten und das Sich-Vergegenwärtigen, einer helfenden Profession anzugehören, unabdingbar.
4. Bei Vertrauen handelt es sich um den *Baustein 4.* Vertrauen drückt sich überwiegend als soziale Einstellung mit der Erwartung eines positiven Verlaufs aus. Dabei kommt dem Anfangskontakt eine besondere Stellung zu, da die erste gegenseitige Eindrucksbildung und damit einhergehend die wahrgenommene Vertrauenswürdigkeit des Gegenübers von entscheidender Bedeutung für den weiteren Interaktionsverlauf ist.

Aufgabe 26:
Lesen Sie sich zunächst die Fallvignette „Leila“ durch:

Leila, zwanzig Jahre alt, die Sie schon seit vielen Jahren durch Ihre Tätigkeit in der mobilen Jugendarbeit kennen, steht auf einmal vor Ihnen. Sie wirkt recht unsicher. Ihre erste Frage ist, ob sie rauchen darf. Dann erzählt sie, dass sie sich große Sorgen um ihre Freundin Pia mache. Gerade habe sie erfahren, dass Pia aus der Psychiatrie entlassen wurde und nicht wisse, wo sie bleiben könne. Ihre Mutter sei nicht mehr bereit, Pia zu Hause aufzunehmen, da sie nun zum fünften Mal vollgedröhnt von der Polizei in die Psychiatrie eingeliefert wurde. Leila macht sich riesige Sorgen und bittet Sie um Hilfe. Sie vereinbaren, sich am nächsten Tag gemeinsam mit Pia am Marktplatz zu treffen.

Wie würden Sie die Kontaktaufnahme zu Pia gestalten?

Thema des Erstkontaktes sollte neben der Vorstellung der Einrichtung und der eigenen Person sowie organisatorischen Abläufen und Zielen des Gespräches vor allem der offene Dialog mit der betreffenden Person sein. Hierzu zählen u. a. die aktuelle Situation, wichtige lebensgeschichtliche Erfahrungen sowie Wünsche, Bedürfnisse und Erwartungen. Es geht um Kontaktaufnahme, gegenseitiges Kennenlernen, Sammeln von wichtigen Informationen sowie um den Aufbau eines Vertrauensverhältnisses. Um dieses zu erreichen, ist es wichtig, Fehler im Vorgehen wie die ausschließliche Sammlung von Informationen und häufiges Anwenden von geschlossenen Fragen zu vermeiden. Die Erfahrung zeigt, dass manch eine Person abwehrend darauf reagiert, „schon wieder etwas über sich erzählen" zu müssen, nicht zuletzt, weil oftmals schambesetzte Themen wie der Umgang mit Familie, Schulden, Arbeitslosigkeit und Süchte angesprochen werden. Speziell auf den Fall „Leila" bzw. ihre Freundin Pia bezogen, besteht die Möglichkeit, dass sie nicht zwingend erfreut über den Kontakt sein muss. Denn individuelle Beziehungsmuster prägen die professionelle Beziehungsgestaltung und sind ausschlaggebend dafür, wie die betreffende Person mit einer gewissen Wahrscheinlichkeit die professionelle Beziehung gestalten wird und was sich daraus für das Vorgehen des*der psychosozial Helfenden ergibt.

5. Dem Baustein Vertrauen schließt sich der *Baustein 5* in Form des Nähe-Distanz-Verhältnisses an. Hier geht es vor allem um das als „richtig" empfundene Maß. Wann dieses Maß an Nähe und Distanz als angemessen empfunden wird, hängt von den eigenen Erfahrungen, den individuellen Interpretationen und Handlungszielen ab. Es geht um die Regulation von Nähe und Distanz, um sich den Beziehungsentwicklungen anzupassen und zu reflektieren.
6. Der *Baustein 6* behandelt das Konzept der Feinfühligkeit. Das Konzept der Feinfühligkeit geht auf Ainsworth (1978) zurück und bezeichnet die Qualität der Reaktion einer Bezugsperson, durch welche diese die frühkindliche Bindung beeinflussen kann. Denn: Auch wenn der Start ins Leben nicht so feinfühlig verläuft, besteht die Möglichkeit, durch spätere feinfühlige Interaktionserfahrungen eine sichere Bindung zu entwickeln. Feinfühlig vorzugehen bedeutet, eine dialogische Sprache anzuwenden und verschiedene Affekte in ihrem Kontext zu benennen.
7. Relativ eng mit dem Konzept der Feinfühligkeit ist die Emotionsarbeit, *Baustein 7,* verbunden. Der Begriff der Emotionsarbeit wurde maßgeblich von Arlie Hochschild geprägt. In der Gefühlsarbeit geht es darum, erwünschte

Gefühle zu erzeugen und unerwünschte zu unterdrücken (vgl. Hochschild 1990). Gefühlsarbeit ist auf Gefühlsnormen ausgerichtet, die uns die Richtung angeben, welches (emotionale) Verhalten unsere jeweiligen Rollen und Beziehungskonstellationen verlangen. Die Anforderung besteht darin, einen professionellen Umgang sowohl mit den eigenen als auch mit den Gefühlen des Gegenübers zu finden. Das bedeutet, es geht im Kern darum, die eigenen und fremden Gefühle entsprechend der Situation zu gestalten, zu beeinflussen oder zu lenken.

8. Beim *Baustein 8* handelt es sich um die Reflexion. Reflexion meint mehr als nur Nachdenken. Im Reflexionsprozess werden die eigenen Handlungen in konkreten Situationen aus den professionellen Arbeitszusammenhängen rückblickend betrachtet und analysiert.
9. Der letzte *Baustein 9* greift die Fähigkeit, Humor als Methode und Haltung der Sozialen Arbeit einzusetzen, auf. Denn was ist entlastender oder auch vertrauensbindender als das gemeinsame Lachen? Humor im pädagogischen Kontext wird als eine menschliche Haltung verstanden, die als Distanzierung zu Belastungen und Krisen fungieren kann. Nach Effinger (2008, S. 33) werden humorvolle Interventionen gezielt eingesetzt, „damit Andere zum Lachen und in einen Zustand der Erheiterung gebracht werden". Humor ist somit als Interventionsstrategie wirksam. Voraussetzungen für den Einsatz von humorvollen Interventionsstrategien sind die Schaffung einer entspannten Atmosphäre und ein wertschätzender Umgang. Der Humor muss selbstverständlich zu den Adressat*innen, unter Beachtung ihrer sozialen und kulturellen Hintergründe, passen.

Weitere Einflussgrößen auf die Beziehungsgestaltung sind, neben institutionellen Rahmenbedingungen, die Besonderheiten des Aufgabenfeldes und der jeweiligen Zielgruppe sowie gesamtgesellschaftliche Entwicklungen. Die aktivierende Sozialpolitik hat auch Einfluss auf die Beziehungsgestaltung zwischen Sozialarbeiter*in und Adressat*in. So kann es zunehmend passieren, Hilfesuchenden mit Misstrauen zu begegnen, einfach weil die Annahme besteht, dass Leistungen der jeweiligen Person nicht zustehen bzw. dass sie sich nicht auf vorgegebenen Hilfepläne oder Interventionen einlassen möchte.

Kontrollen und Sanktionen stoßen zunehmend auf Akzeptanz, auch in der Sozialen Arbeit. Die traditionellen Werte in der Sozialen Arbeit sind mit diesen Entwicklungen kaum noch kompatibel. Um dem Anspruch, betroffene Personen als Expert*innen ihrer Lebenswelt zu verstehen und mit ihnen gemeinsam

Lösungen auszuhandeln, gerecht zu werden, ist eine Rückbesinnung auf ihren eigentlichen Kern unersetzlich.

Aufgabe 27:
Wie schätzen Sie das Verhältnis zwischen Sozialer Arbeit und Demokratie ein?

Sowohl Demokratie und demokratische Werte als auch die Menschenrechte haben für die Profession Soziale Arbeit eine hohe Relevanz (vgl. Spatscheck/Steckelberg 2018). Dies geht allein schon aus dem Berufskodex der Sozialen Arbeit von AvenirSocial hervor (vgl. Beck et al. 2010). Dennoch ist das Verhältnis zwischen Demokratie und Sozialer Arbeit weitgehend ungeklärt und wird je nach Theoretiker*in unterschiedlich bestimmt. Röh und Köttig (2018) sehen die Soziale Arbeit zum Beispiel als wohlfahrtsstaatliche Antwort der modernen Gesellschaft auf soziale Desintegration von Menschen. In Anlehnung an Staub-Bernasconi formuliert Thiessen (2019) menschliche Bedürfnisse als Grundlage für eine demokratische Gesellschaft.

Im demokratischen Kontext können Menschenrechte als lenkende, kontrollierende Funktion betrachtet werden. Zielte die Herausarbeitung der Menschenrechte ursprünglich auf den Schutz des Individuums ab, werden in einer Demokratie immer auch Mehrheitsentscheidungen gefällt. Das bedeutet, dass Menschenrechtsverletzungen auch in einer Demokratie nicht ausgeschlossen werden können.

Aufgabe 28:
Welche Werte sollten Ihrer Meinung nach eine demokratische Arbeitsbeziehung ausmachen?

Eine demokratische Arbeitsbeziehung zwischen Sozialarbeiter*in und Adressat*in setzt zunächst Kenntnisse auf beiden Seiten voraus. Denn nur wer seine Mitgestaltungsmöglichkeiten in Gesellschaft und Politik sowie seine Grundrechte kennt, kann ein autonomes Leben führen und sich für seine Interessen einsetzen. Hieraus lässt sich ableiten, dass Demokratiebildung und -förderung ein zentraler Bestandteil in der Sozialen Arbeit sein sollte.

Weil Demokratie bei aller Unterschiedlichkeit in ihrer Ausrichtung nicht ohne Zugänge zu gleichberechtigter Partizipation bzw. Teilhabe ist, handelt es sich hierbei um zwei grundlegende Werte, die in der Arbeitsbeziehung berücksichtigt werden müssen. Wesselmann (2019) arbeitet heraus, dass diese Begrifflichkeiten nicht synonym verstanden werden dürfen. Vielmehr handelt es sich bei beiden Begriffen um zwei normative Konzepte:

- Der *Teilhabebegriff* wurde zunächst in der Wohlfahrtspolitik verortet. Seine Erweiterung auf Lebenslagen und Verwirklichungschancen erhielt er durch die Berichterstattung des Bundes (vgl. BMAS 2005). Im Sinne der BRK wird Teilhabe nun als aktive Teilnahme und Beteiligung an Entscheidungs- und Gestaltungsprozessen, ganz im Sinne der Menschenrechte, verstanden.
- Der mit demokratietheoretischen Konzepten eng verbandelte *Partizipationsbegriff* steht hingegen für einen Sammelbegriff, der sich auf unterschiedliche Arten, Ebenen und Formen der Beteiligung bezieht. Unterschiedliche Modelle und Pyramiden können dabei den jeweiligen Partizipationsgrad abbilden. Dabei können sich Partizipationsvorhaben auf vier unterschiedliche Ebenen beziehen (vgl. Schnurr 2018):
  1. auf die Ebene der Gestaltung sozialpolitischer Rahmenbedingungen,
  2. auf die lokale Angebotsplanung,
  3. auf die Einzelfallentscheidung,
  4. auf die Leistungserbringung.

Letztendich lassen sich aber alle demokratischen Werte auf die Achtung der Menschenrechte zurückführen. Entsprechend ist ein demokratisches Miteinander zu pflegen, dass von gegenseitiger Achtung, Anerkennung und gegenseitigem Respekt geprägt ist. Jegliche Form von Gewalt und willkürlichen Handlungen muss verhindert werden, auch verbale und nonverbale Handlungen von Missachtung, Ausgrenzung und Beleidigung.

5.2.4 Zum Umgang mit Macht in der Arbeitsbeziehung

Um die Arbeitsbeziehung demokratisch gestalten zu können, ist Wissen über die Asymmetrie der helfenden Beziehung von Bedeutung.

Aufgabe 29:
Weshalb kann Wissen über Macht aus Ihrer Sicht für Sozialarbeiter*innen hilfreich sein?

Keltner (2016) hat folgende vier Grundprinzipien aufgestellt:
1. Macht bedeutet, den Status anderer zu ändern.
2. Macht steckt in jeder Beziehung und Interaktion.
3. Macht steckt in all unseren Alltagshandlungen.
4. Macht gewinnen wir, indem wir die anderen in den sozialen Netzwerken stärken und ihnen Macht verleihen.

Entsprechend der Prinzipien gibt es keine Beziehung und Handlungen, ohne das darin Machtstrukturen enthalten sind. Macht ist per se erstmal weder negativ noch positiv besetzt. Sie ist ein normaler Bestandteil aller menschlichen Beziehungen. Machtprozesse entstehen, wenn Menschen aufeinander treffen und zusammen handeln. Wichtig ist im Kontext der Arbeitsbeziehung der Umgang mit Macht. Dafür ist der erste Schritt, dass in der Praxis das Thema Macht nicht tabuisiert wird. Statt es mit negativen Dingen zu assoziieren, sollte Macht als etwas wünschenswertes betrachtet werden.

Wenn über das Thema Macht nachgedacht wird, muss auch das Thema Ohnmacht angegangen werden. So ist beispielsweise die Gleichsetzung von Macht mit ohnmächtig und machtlos im Umgang mit Adressat*innen wenig hilfreich.

Aufgabe 30:
Lesen Sie sich zunächst die Fallvignette „Herr F." durch:

Stellen Sie sich vor, Sie sind Sozialarbeiter*in beim Sozialpsychiatrischen Dienst. Im Rahmen ihrer Sprechzeiten erhalten Sie von der Sozialarbeiterin Nina, die im ambulant betreuten Wohnen tätig ist, einen Anruf. Nina erzählt Ihnen, dass einer ihrer Adressaten, Herr F., schon seit einigen Wochen krisenhaft sei. Durch den Tod seiner Mutter sei Herr F. in ein „tiefes Loch" gefallen. Er wisse nicht mehr weiter und möchte am liebsten sterben. Nina hat nun mehrmals versucht, Herrn F. telefonisch zu erreichen. Da er nicht abgenommen habe, sei sie zu ihm nach Hause gefahren. Nachdem sie unzählige Male geklingelt habe, öffnete Herr F. die Tür. Er war in einem ziemlich verwahrlosten Zustand. Er habe ein schmutziges Unterhemd und eine Jogginghose getragen und schien stark alkoholisiert zu sein. Der Abwasch stapelte sich und es roch in der Wohnung nach Urin. Herr F. redete nicht viel, starrte stattdessen aus dem Fenster. Nina verließ die Wohnung mit einem unguten Gefühl und wusste nicht weiter. In ihrer Not griff sie zum Hörer und rief den Sozialpsychiatrischen Dienst, also Sie, an. Sie versichern ihr, Herrn F. noch am selben Tag aufzusuchen und bei bestehender Suizidgefahr eine Zwangseinweisung zu veranlassen.

1. Stellen Sie nun Vermutungen an, weshalb Nina sich in oben genannter Situation ohnmächtig gefühlt haben könnte.
2. Empfinden Sie die Handlung von Nina, den Sozialpsychiatrischen Dienst anzurufen, als eher förderlich oder eher hinderlich für die weitere Zusammenarbeit mit Herrn F.? Begründen Sie bitte Ihre Entscheidung.
3. Sehen Sie alternative Handlungsmöglichkeiten?

Die Sozialarbeiterin Nina hat sich im Fall von Herrn F. sicherlich aufgrund fehlender Handlungsmöglichkeiten ohnmächtig gefühlt. Infolge der bestehenden Suizidgefahr hat sie den Sozialpsychiatrischen Dienst zur Krisenintervention eingeschaltet und somit einen Teil der Verantwortung ab- und weitergegeben. Alternativ zu ihrem Handeln hätte Nina ggf. auch einen Non-Suizid-Vertrag mit Herrn F. schließen können. Hätte er gegen Ende des Gespräches auf die Frage „Ist es möglich, dass du dich bis zu unserem nächsten Gespräch umgebracht hast?" mit „Ich glaube schon" geantwortet oder der Blick wäre ausweichend gewesen, hätte eine Abmachung zwischen Herrn F. und Nina dahingehend stattfinden können, dass Herr F. sich bis zum nächsten Treffen nichts antun würde.

Die Fallvignette verdeutlich, wie dicht Macht und Ohnmacht in der Sozialen Arbeit zusammenhängen. Herwig-Lempp (2007) benennt hierfür drei Gründe:

- Zum einen werden Adressat*innen der Sozialen Arbeit häufig als die Schwächeren und Hilfloseren in unserer Gesellschaft betrachtet, die oftmals von gesellschaftlichen (Teil-)Bereichen ausgeschlossen sind und Hilfe aufgrund unterschiedlicher Problem- und Mangellagen benötigen.
- Zum anderen erleben sich Adressat*innen nicht selten als machtlos, weil sie bestimmte Probleme nicht lösen können und auf Unterstützung angewiesen sind.
- Und zu guter Letzt erleben sich Sozialarbeiter*innen eher als hilflos und ohnmächtig. Oftmals beklagen sie sich über mangelnde Anerkennung und eine zu geringe Einflussnahme auf politischer und gesellschaftlicher Ebene. Gleichzeitig arbeiten ihre Adressat*innen häufig nicht im gewünschten Umfang mit und auch eine Vernetzung mit der an einem Fall beteiligten Profession ist nicht immer einfach.

Aufgabe 31:
Verfügen Sozialarbeiter*innen über Macht? Bitte begründen Sie Ihre Antwort.

Wenn wir Macht als das Vermögen betrachten, das Mögliche wirklich werden zu lassen, dann verfügen Sozialarbeiter*innen sehr wohl über Macht. Denn sie regen Veränderungen bei ihren Adressat*innen an und sind für deren Umsetzung mit dem notwendigen Know-how ausgestattet.

Im konkreten Handeln geht es weiterhin darum, ihre Adressat*innen dahingehend zu ermächtigen, Mögliches tatsächlich auch zu verwirklichen, beispielsweise den Schulabschluss zu schaffen oder trotz psychischer Störung einer geringfügigen Beschäftigung nachzugehen. Somit sind die Ermächtigung und die Befähigung von Adressat*innen ein wesentlicher Bestandteil der professionellen demokratischen Beziehungsarbeit. Es geht um Mitbestimmung und Mitgestaltung des Arbeitsbündnisses. Beide Seiten sind gleichberechtigt an dem Hilfeprozess beteiligt. Zu Beginn des Arbeitsbündnisses sollten gemeinsam Regeln und Ziele abgesprochen werden, die für beide Seiten gleichermaßen gelten, z. B. Termine rechtzeitig abzusagen, bei Unstimmigkeiten dennoch höflich zu bleiben oder Treffen rauchfrei zu gestalten.

5.2.5 Abhängigkeitsverhältnisse

Genauso wie beim Begriff Macht ist auch die Bezeichnung der Abhängigkeit ein Wort, das erstmal als neutral anzusehen ist. Denn mit „abhängig" ist ganz allgemein gemeint, dass es einem nicht gleichgültig ist, was der oder die andere denkt, tut oder fühlt (vgl. Wolf 2011). Entsprechend kommen Abhängigkeiten in jeder Beziehung vor und finden zwischen mindestens zwei Interaktionspartner*innen statt. Diese müssen dabei in irgendeiner Form von Beziehung zueinander stehen. Im Hinblick auf die helfende Beziehung bewegen sich Sozialarbeitende stets in einem Spannungsfeld, was die Balance zwischen Abhängigkeit und Unabhängigkeit, zwischen Nähe und Distanz und zwischen Geborgenheit und Autonomie angeht:

- Ein gewisses Maß an Abhängigkeit kann vorübergehend, beispielsweise aufgrund von emotionaler Instabilität und fehlenden Selbsthilfefähigkeiten, durchaus angebracht sein. Manchen Adressat*innen tut es einfach gut, gerade zu Beginn eines Hilfeprozesses Verantwortung zu teilen bzw. einen Teil davon vorerst abzugeben. Hier stellt sich vielmehr die Frage, wie im Verlauf des

Hilfeprozesses damit umgegangen wird. Hingegen ist das Gefühl, sich in irgendeine Form von Abhängigkeit zu begeben, für andere Adressat*innen undenkbar. Hier geht es zunächst um die demokratische Aushandlung der Arbeitsbeziehung.

- Wie viel Nähe ist richtig? Wie viel Distanz ist wichtig? Die Ausgestaltung eines angemessenen Nähe- und Distanzverhältnisses ist ein wesentlicher Bestandteil der Beziehungsgestaltung. Es geht um die Aushandlung des als „richtig" empfundenen Maßes. Wann dieses erreicht ist, hängt von den eigenen Erfahrungen, den individuellen Interpretationen und Handlungszielen ab (vgl. Dörr/Müller 2012). Während für einen Teil der Adressat*innen Nähe beispielsweise wichtig ist, kann bei einem anderen Teil der hilfesuchenden Personen ein eher distanziertes Verhalten angebracht sein. Wichtig ist, dass professionell Helfende in der Lage sind, Nähe und Distanz zu regulieren, indem sie ihr Verhalten den Beziehungsentwicklungen anpassen und reflektieren.
- Der Wunsch nach Geborgenheit und das Streben nach Autonomie sind zwei elementare Grundbedürfnisse des Menschen. Dies spiegelt sich auch in helfenden Beziehungen wider. Adressat*innen sollten sich unter Wahrung ihres Bedürfnisses nach Unabhängigkeit angenommen und akzeptiert fühlen. Hierdurch entsteht Sicherheit.

Negative Abhängigkeitsverhältnisse sind in der helfenden Beziehungsarbeit strikt abzulehnen. Diese entstehen vor allem dann, wenn der Sozialarbeiter oder die Sozialarbeiterin das eigentliche Ziel, nämlich die Förderung von Autonomie, aus dem Blick verliert und anstelle der betreffenden Person sich selbst die Fortschritte des Unterstützungsprozesses zuschreibt (vgl. Morschitzky 2007). Weiterhin darf kein emotionaler oder finanzieller Gewinn aus der Abhängigkeit entstehen.

Aufgabe 32:
Lesen Sie sich die Fallvignette „Peter" durch:

Peter ist mit Leib und Seele Sozialarbeiter. Seitdem er denken kann, handelt es sich hierbei um seinen Traumberuf. Denn sein großes Ziel ist es, anderen Menschen in Notsituationen zu helfen. Bereits während seines Studiums hat er ehrenamtlich im psychiatrischen Bereich gearbeitet. Seit einem Jahr ist er nun als gesetzlicher Betreuer für psychisch erkrankte Menschen tätig. Peter liebt seinen Job. Weil er viele krisenhafte Menschen betreut, ist es für ihn selbstverständlich, nicht nur rund um die Uhr, sondern auch am Wochenende für sie da zu sein. Seine Adressat*innen haben aus diesem Grund nicht nur seine private Telefonnummer, sondern wissen auch, wo er wohnt. Achim, einer von Peters Klienten, besucht ihn regelmäßig sonntagmorgens zum gemeinsamen Kaffeetrinken. Lisbeth hingegen ruft gern spät in der Nacht aus Einsamkeit bei Peter an. Peter freut sich sehr über den engen Kontakt und das Vertrauen, das ihm seine Zöglinge, wie er sie gern nennt, entgegenbringen. Dennoch fühlt er sich seit geraumer Zeit oft erschöpft und würde gern eine Pause von seinem Alltag haben. Das geht aber nicht, denn er fühlt sich seinen Adressat*innen gegenüber verpflichtet, für sie stets erreichbar zu sein.

1. Was geht Ihnen durch den Kopf, wenn Sie die Fallvignette „Peter" lesen?
2. Stellen Sie sich vor, Peter wäre Ihr Kollege, was würden Sie ihm raten?
3. Ist Peters Verhalten für eine professionelle Arbeitsbeziehung eher förderlich oder hinderlich?
4. Bitte beenden Sie die beiden Sätze:

*Peter befähigt seine Adressat*innen …*
*Peter fördert abhängiges Verhalten bei seinen Adressat*innen …*

Die Fallvignette „Peter" steht als Beispiel stellvertretend für das sogenannte Helfersyndrom. Hiervon sind besonders Menschen in sozialen Berufen, wie Lehrer*innen, Psycholog*innen oder Sozialarbeiter*innen, betroffen. Der Begriff Helfersyndrom bezieht sich auf die Neigung einer Person, sich in sozialen Beziehungen überwiegend als Helfer*in anzubieten, um seinem/ihrem eigenen Bedürfnis nach Bestätigung, Sozialkontakt oder gesellschaftlicher Anerkennung nachzukommen. Problematisch daran ist, dass die Hilfsbereitschaft auch dann nicht endet, wenn die Unterstützung nicht mehr benötigt wird oder der psychosozial Helfende sich selbst überlastet oder ausgenutzt fühlt.

Merke:
Sozialarbeitende sollten sich stets darüber im Klaren sein, aus welchen Motiven sie der jeweiligen Person helfen und ob die geleistete Unterstützung für die Adressat*innen tatsächlich hilfreich ist – ganz nach dem Motto: so wenig Hilfe wie möglich, so viel Hilfe wie nötig!

5.3 Gerechtigkeitskompetenz durch Reflexivität fördern

Voraussetzung, um dem Anspruch der Förderung sozialer Gerechtigkeit nachzukommen, ist für Sozialarbeiter*innen die Fähigkeit zur Reflexion. Dabei meint Reflexion mehr als das bloße Nachdenken. Sie umfasst vielmehr einen bestimmten Gegenstandsbereich, definierbare Ziele und ein erlernbares methodisches Vorgehen.

Im Reflexionsprozess geht es um die Auseinandersetzung mit dem eigenen Handeln in konkreten Situationen. Bezogen auf das Handlungsfeld findet in der spezifischen Interaktion und Kommunikation zwischen professionell Helfenden und Adressat*innen die stellvertretende Deutung des Falles durch die Fachkraft statt. Es werden also nicht nur die eigenen Erfahrungen verarbeitet, sondern auch gedankliche Impulse aus der Kommunikation mit anderen, einschließlich theoretischer Bezüge, mitbedacht. Zusätzlich sind reflexive Prozesse in gegenwärtiges Handeln eingewoben und haben somit eine zentrale Bedeutung für die Planung und Durchführung sozialarbeiterischer Interventionen. Dabei wird Reflexivität nicht nur als Kompetenz, sondern auch als Haltung verstanden und trägt wesentlich zur Professionalität psychosozial Helfender bei.

In Bezug auf die Aneignung von Gerechtigkeitskompetenz nimmt die Selbstreflexion einen zentralen Stellenwert ein. Sie umfasst dabei die eigene Biografie und die damit verbundenen Werte, die eigenen Gefühle und Grenzen

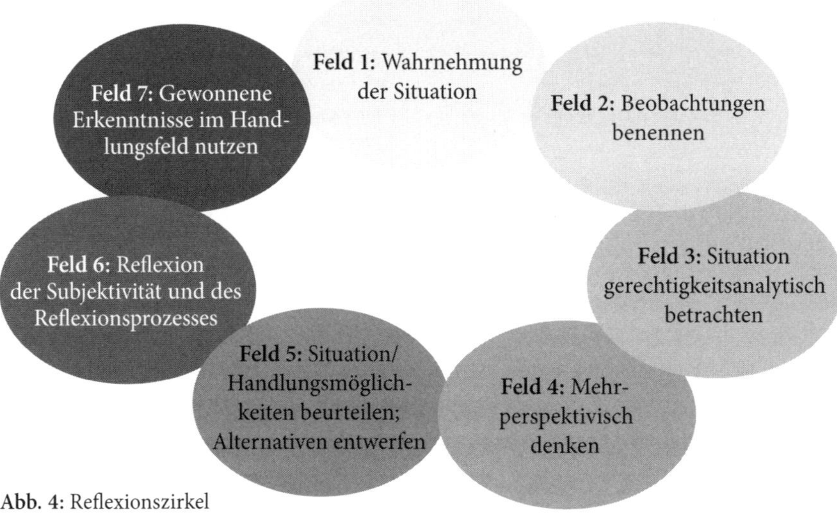

Abb. 4: Reflexionszirkel

sowie die persönlichen Bindungserfahrungen (vgl. Pörtner 2013). Zur strukturierten Reflexion kann der in Anlehnung von Korthagen (2002, S. 49) entwickelte Reflexionszirkel genutzt werden. Er ermöglicht nicht nur eine differenzierte Reflexion von Erlebnissen, sondern auch von sich selbst und anderen Personen. Die Nummerierung bildet einen idealtypischen Ablauf einer Abfolge von Reflexionsschritten. Für die Aneignung von Gerechtigkeitskompetenz wird der Reflexionszirkel entsprechend modifiziert (vgl. Abb. 4).

Im folgenden Reflexionsbogen werden die einzelnen Reflexionsschritte dargestellt, wobei der dritte und vierte Schritt auf das Gerechtigkeitsverständnis in der professionellen Sozialen Arbeit ausgerichtet sind.

Feld	Inhalt	Fragestellungen
1	Wahrnehmung und Beschreibung der Situation	Was nehme ich wahr? Was fällt mir auf? Was ist daran bedeutsam? Was möchte ich klären? Warum?
2	Benennung der Beobachtungen	Was habe ich gesagt? Was habe ich gedacht? Wie habe ich mich verhalten? Was hat der/die Adressat*in gesagt? Was hat er*sie gewollt? Wie hat er*sie sich verhalten?
3	Die Situation gerechtigkeitsanalytisch betrachten	Wie kam es zu dieser Situation? Was war daran aus meiner Sicht (un)gerecht? Warum habe ich so gehandelt? Welche gerechtigkeitsförderlichen Bedingungen/Strukturen lagen vor? Welche gerechtigkeitshinderlichen Bedingungen/Strukturen lagen vor? Welche weiteren Einflussfaktoren waren relevant? Haben sie sich auf die Verteilung von Chancen, Ressourcen oder Gütern ausgewirkt?
4	Mehrperspektivisch denken	Wie schätze ich meine eigene Situation aus gerechtigkeitstheoretischer Perspektive ein? An welchen Werten orientiere ich mich? Was denken Kolleg*innen? Was würden Angehörige sagen?
5	Situation/Handlungsmöglichkeiten beurteilen; Alternativen entwerfen	Wie beurteile ich die Situation/mein Handeln? War es gerecht? Welche Problemlösung erscheint mir geeignet? Warum? Welche Alternativen habe ich? Wie werde ich künftig handeln?

Feld	Inhalt	Fragestellungen
6	Reflexion der eigenen Subjektivität und des Reflexionsprozesses auf der Metaebene	Was sind für mich die Erkenntnisse aus dieser Handlung? Welche Beweggründe liegen meinem Handeln zugrunde? Wo lagen Stolpersteine? Was war für meine Entscheidungsfindung förderlich? Was hinderlich?
7	Gewonnene Erkenntnisse im Praxisfeld nutzen	

Tab. 2: Reflexionsbogen „Soziale Gerechtigkeit“

In dem ersten und dem zweiten Feld geht es um die Wahrnehmung und die Beobachtung der konkreten Situation sowie um das Erkennen relevanter Aspekte des jeweiligen „Falles“. Dadurch wird das eigentliche Problem deutlicher und der/die Fallgeber*in entwickelt eine Fragestellung. Diese wird im dritten und vierten Feld analytisch und theoretisch mit Augenmerk auf Fragen der sozialen Gerechtigkeit durchdrungen. Im fünften und sechsten Feld schließt sich die Metareflexion an, um aus der „Vogelperspektive“ zu schauen, was jeweils auf welche Weise reflektiert wurde. Das siebte Feld mündet dann in die Umsetzung der gewonnenen Erkenntnisse im Praxisfeld. Dabei lebt der Reflexionsprozess von der Einbindung der Situation, der Kommunikation und der Theoriebezüge.

Die Reflexion stellt einen wichtigen Bestandteil von Professionalität in der Sozialen Arbeit dar. Sie hilft dabei, sich auf den eigentlichen Kern der Tätigkeit zu konzentrieren, indem sie die Prinzipien der Menschenrechte und sozialen Gerechtigkeit miteinbezieht. Kenntnisse über Gerechtigkeitstheorien sind dabei unabdingbar.

6 Sozialen Ungleichheiten begegnen – partizipative Praxis gestalten

Lebensweisen sind individueller, kulturelle Prägungen diverser geworden. Zugleich besteht soziale Ungleichheit auch weiterhin fort. Denn nach wie vor entscheidet die Herkunft über Zugang zu Bildung und die Kluft zwischen Arm und Reich wächst. Teilhabe bedeutet, dass in allen Gesellschaftsbereichen gleiche Möglichkeiten, die individuelle Lebensführung zu gestalten, bestehen sollten. Ziel sozialstaatlicher Interventionen muss es daher sein, Verschiedenheit zu achten und Ungleichheit eine Grenze zu setzen. Die Orientierung an den Prinzipien der Menschenrechte und der sozialen Gerechtigkeit kann sich je nach Arbeitsfeld unterschiedlich gestalten. Gemeinsam ist den unterschiedlichen Handlungsfeldern weitestgehend, dass Sozialarbeiter*innen oftmals mit Menschen in Kontakt kommen, die sich in einer problematischen Lebenssituation befinden. Hier zeigen sich häufig soziale Ungleichheiten. Man spricht von sozialer Ungleichheit, wenn die Ressourcenausstattung, wie beispielsweise der Bildungsgrad oder das erzielte Einkommen, oder die Lebensbedingungen, wie z. B. der Wohnraum, von Menschen aus gesellschaftlichen Gründen dauerhaft so beschaffen sind, dass bestimmte Bevölkerungsteile regelmäßig bessere Lebens- und Verwirklichungschancen als andere Gruppen haben (vgl. Schone/Struck 2021).

Nach Butterwegge (2020) ist die sozioökonomische Ungleichheit auch hierzulande stark ausgeprägt und nimmt weiter zu. Sie zeigt sich nicht nur in der asymmetrischen Verteilung von Einkommen und Vermögen, sondern erstreckt sich auf fast alle Lebensbereiche. Diese Lebensbereiche, die für die Lebenslage eines Individuums bezeichnend sind, können im Sinne des Lebenslagenansatzes kategorisiert werden. Dabei handelt es sich um die folgenden Spielräume:

- Versorgungs- und Einkommensspielraum,
- Kontakt- und Kooperationsspielraum,
- Lern- und Erfahrungsspielraum,
- Muße- und Regenerationsspielraum,
- Dispositionsspielraum.

Der Lebenslagenansatz geht auf Otto Neurath und Gerhard Weiser zurück. Im Jahr 1931 schlug Neurath für die soziologische Analyse der Gesellschaftsstruktur den Begriff der „Lebenslage“ vor. Nach ihm umfasste diese all die Umstände, die verhältnismäßig und/oder unmittelbar die Verhaltensweisen eines Menschen, seinen Schmerz und seine Freude bestimmen.

Heute wird der Lebenslagenansatz überwiegend in der Armutsforschung genutzt, um die einkommensorientierte Betrachtung der Armut zu überwinden. Ziel ist es, Defizite in anderen Lebensbereichen ebenso in den Blickpunkt zu nehmen. Hier steht die tatsächliche Versorgungslage von Personen und Haushalten im Vordergrund, wodurch der Lebenslagenansatz auch geeignet ist, um soziale Ungleichheiten in der Lebenslage aufzuzeigen.

Innerhalb meiner eigenen Erhebung, die ich im Zuge meiner Masterthesis durchführte und in der es um Armuts- und Exklusionsrisiken von psychisch erkrankten Menschen in ambulanten und/oder teilstationären Maßnahmen ging, konnte gezeigt werden, dass die Mehrheit der interviewten Personen vor allem Einschränkungen in den Bereichen „finanzielle Situation“ und „Berufstätigkeit“, „Gesundheit“ und „psychische Stabilität“ sowie „soziale Netzwerke“ und „soziale Teilhabe“ empfindet. Hingegen sind die befragten Personen im Wesentlichen mit ihrer Wohnsituation zufrieden (vgl. Effinghausen 2005).

6.1 Aktuelle, durch die Pandemie bedingte Ungleichheitsentwicklungen in der Sozialen Arbeit

Im Mittelpunkt des Aufgabenfeldes der Sozialen Arbeit steht die Unterstützung zur Bewältigung problembelasteter und kritischer Lebenslagen. Ihre Unterstützungsangebote sehen sich mit dem Auftrag der sozialen Integration bzw. Inklusionsvermittlung und Exklusionsvermeidung konfrontiert (vgl. Gredig/Wilhelm 2007). Sie haben oftmals den Anspruch, soziale Ungleichheit zu minimieren bzw. zu beseitigen. Dennoch zeigt sich, dass diese Ansätze oft nicht den gewünschten Effekt erzielen. Es stellt sich die Frage, inwiefern die Institutionen selbst Mechanismen der Manifestierung und Perpetuierung sozialer Ungleichheit darstellen und soziale Ungleichheiten produzieren, reproduzieren oder perpetuieren (vgl. u. a. Kessl/Plößer 2010).

Besonders durch die Covid-19-Pandemie haben sich Baustellen gezeigt. Menschen waren und sind sowohl von der Erkrankung als auch von deren Folgen völlig ungleich betroffen. In der Gesellschaft hat sich hierdurch die soziale

Ungleichheit weiter verstärkt. Der Sozialen Arbeit kommt an dieser Stelle eine Schlüsselfunktion zu. Zum einen arbeiten Sozialarbeiter*innen mit den „Opfern" der Krisensituation, zum anderen ist die Profession selbst von den Folgen der Pandemie betroffen.

Erste Forschungsergebnisse, die sich mit den Auswirkungen der Pandemie auf die Soziale Arbeit beschäftigen, sind inzwischen zu verzeichnen. Diese beziehen sich vor allem auf die professionell Helfenden der Sozialen Arbeit und auf besonders vulnerable Menschen in gefährdeten Lebenslagen, die zur Zielgruppe der Sozialen Arbeit gehören (vgl. Buschle/Meyer 2020; Steenkamp 2020). In der Fachzeitschrift *SozialExtra* sind die Ergebnisse und die Einschätzung dieser Ergebnisse veröffentlicht worden. Buschle und Meyer haben eine Onlinebefragung von 3064 Berufstätigen aus unterschiedlichen Handlungsfeldern der Sozialen Arbeit während des zweiten Lockdowns durchgeführt. Hier zeigte sich, dass vor allem stationär arbeitende Einrichtungen besonders häufig für Mitarbeitende und Adressat*innen geöffnet waren (96,3 %), während teilstationäre (89,5 %) oder ambulante (85,7 %) Einrichtungen eine leicht höhere Schließungsquote aufzeigten. Gemeinsam war ihnen, dass sie allesamt eine Begrenzung im Hinblick auf die Vorhaltung möglicher Angebote aufwiesen. Hingegen fanden sich Unterschiede bei der Nachfrage: Während im teilstationären (27,3 %) sowie stationären Kontext (26,4 %) vonseiten der Beschäftigten eine gestiegene Nachfrage von bis zu einem Viertel wahrgenommen wurde, konnten im ambulanten Setting 40,5 % der befragten Sozialarbeiter*innen einen Anstieg verzeichnen. Entsprechend hat auch die Anzahl der Adressat*innen pro beschäftigter Person zugenommen (35,0 %), wobei die Elementarbildung (58,8 %) und die Soziale Arbeit mit beeinträchtigten Menschen (45,8 %) sowie die Beratungsstellen (45,4 %) die höchsten Steigerungen erfahren haben.

Eine Steigerung der Arbeitsbelastung habe sich nach Buschle und Meyer (2021) durch die bereits vor der Coronapandemie angespannte Personalsituation im Zuge des Fachkräftemangels weiter verschärft: So konnte bei 11,1 % der befragten Personen ein ärztlich festgestelltes höheres Erkrankungsrisiko für einen schweren Verlauf einer COVID-19-Infektion bescheinigt werden. 66,3 % der Befragten gaben weiterhin an, dass man individuell oder im Team Maßnahmen zum Eigenschutz ergriffen habe (nicht durch Vorgesetzte), wobei sogar 18,4 % der Befragten ohne zusätzliche Schutzmaßnahmen arbeiten mussten. Dennoch gaben 74,4 % der befragten Sozialarbeiter*innen an, dass die getroffenen Schutzmaßnahmen die eigene Arbeit negativ veränderten. Die Verunsicherungen waren aufseiten der Adressat*innen deutlich zu spüren. 38,6 % der Befragten gaben an, dass die Nutzer*innen seit Ausbruch der Coronapandemie häufig oder sehr häufig Termine absagen würden. Und das, obwohl aus Sicht von gut drei Viertel der befragten Beschäftigten die Problemlagen ihrer Adressat*innen deutlich zugenommen haben (71,5 %). Weiterhin ging jede zweite befragte Person von einem gestiegenen Armutsrisiko bei ihren Nutzer*innen aus (57,2 %).

Auch das Homeoffice hat zu einer Veränderung der Arbeitsweisen geführt. Allerdings arbeiteten im November und Dezember 2020 gerade einmal 6,9 % der Befragten im Homeoffice. 26,1 % der Sozialarbeiter*innen gaben an, dass sie sich ab und zu im Homeoffice befanden. Entsprechend kam für den Großteil der befragten Personen diese Arbeitsweise nicht zum Tragen (66,7 %). Dennoch verwiesen die Befragten darauf, dass sich während der Coronapandemie sowohl der Kontakt zu den Vorgesetzten (55,3 %), den Kolleg*innen (75,4 %) und den Kooperationspartner*innen (76,5 %) verändert und sich im Ergebnis auch die eigene Arbeit verschlechtert habe (vgl. Alsago/Meyer 2021).

Insgesamt verdeutlichen die Ergebnisse der Onlinebefragung, dass die Coronapandemie tiefgreifende Folgen auf die Profession Soziale Arbeit hat. Unterstützt sie Menschen bei der Bewältigung von Problemsituationen und ihren sozialen Folgen, ist sie nun selbst stark von der Krise betroffen. Die Arbeitsbedingungen in der Sozialen Arbeit haben sich durch die Coronapandemie weiter verschlechtert und machen soziale Ungleichheiten allein schon in der Beschäftigungssituation sichtbar.

6.2 Spezialisierung als Antwort auf spezifische Ungleichheiten

Im Laufe der Jahre haben sich unterschiedliche Schwerpunkte im Rahmen der Sozialen Arbeit entwickelt. Dies ist nicht zuletzt den vielfältigen Handlungsfeldern geschuldet. Hinzu kommen immer mehr Adressat*innen, die sich in Multiproblemsituationen befinden. Sozialarbeiter*innen benötigen spezielle Fähigkeiten und Fertigkeiten zur Bewältigung der komplexen Aufgaben. Dabei führte die Weiterentwicklung Sozialer Arbeit nicht nur zu verschiedenen Schwerpunktsetzungen, sondern auch zur Herausbildung der Fachsozialarbeit. Diese zeichnet sich durch eine spezielle Expertise in einem bestimmten Bereich aus.

6.2.1 Gesundheitsbezogene Soziale Arbeit

Unter „gesundheitlicher Ungleichheit“ werden soziale Ungleichheiten bei Ausbruch und Verlauf von Krankheiten und gesundheitlichen Beeinträchtigungen verstanden. Sie wird über Indikatoren sozialer Differenzierung abgebildet, vor allem über Schulbildung, berufliche Position, Einkommen und Vermögen. Die gesundheitlichen Risiken sind bei den am stärksten benachteiligten Gruppen am höchsten und nehmen mit steigender sozialer Position ab (vgl. Geyer 2021). Folglich sind Menschen mit einem niedrigen sozioökonomischen Status häufiger von Krankheiten und Behinderungen betroffen und sterben oftmals früher als Personen mit einem höheren sozioökonomischen Status. Heekerens (2017) führt als Gründe hierfür stärkere Belastungen am Arbeitsplatz, im familiären und sozialen Umfeld und in der Wohnumgebung an. Weiterhin wird davon ausgegangen, dass soziale Unterschiede im Gesundheitsverhalten sowie in den verfügbaren sozialen und personalen Ressourcen, die zur Bewältigung von Anforderungen und Belastungen bedeutsam sind, eine Rolle spielen. Entsprechend besteht ein großer Aufgabenbereich der Sozialen Arbeit in der Gesundheitsarbeit.

Gesundheitsbezogene Soziale Arbeit ist immer und zuerst Soziale Arbeit. Das zeigt schon ein Blick in die Entwicklung der Sozialen Arbeit als Profession und Wissenschaft. Die professionelle Sozialarbeit ist seit ihren Anfängen mit Fragen von Gesundheit und Krankheit befasst. So entstand in den zwanziger Jahren des vorigen Jahrhunderts in Deutschland die „Gesundheitsfürsorge“ als ein besonderer Zweig der Wohlfahrtspflege, die als Vorläufer der heute sogenannten gesundheitsbezogenen Sozialarbeit zu werten ist. Beispielsweise haben bereits Mary Richmond und Alice Salomon mit ihren Veröffentlichungen zur sozialen Diagnose systematisch mögliche Folgen sozialer Probleme im Kontext gesundheitlicher Störungen beschrieben.

Aufgabe 33:
Um Ihre Wissensbestände im Hinblick auf die Gesundheitsarbeit im Sozialwesen zu prüfen, beantworten Sie bitte die folgenden Fragen:

Frage 1: Wofür steht die Abkürzung DVSG?
A) Deutsche Vereinigung für Soziale Arbeit im Gesundheitswesen
B) Deutscher Verein für Sport und Gesundheit
C) Diversität als Vorsatz Sozialer Gruppenarbeit

*Frage 2: Wie viele erwerbstätige Sozialarbeiter*innen mit Hochschulabschluss sind in den unterschiedlichen Praxisfeldern im Gesundheitswesen tätig?*
A) 54.500
B) 32.300
C) 10.100

Frage 3: Die Lebensweltorientierung fokussiert …
A) die sozialen Probleme der Adressat*innen in ihrem Alltag
B) die Selbsthilfekräfte im Gemeinwesen
C) familiäre Unterstützungsformen

Lösungen: 1A, 2A, 3A

Weil die Verringerung der (sozial bedingten) gesundheitlichen Ungleichheit ein erklärtes Ziel der deutschen Gesundheitspolitik ist, sollte dieses auch für die Soziale Arbeit gelten. Entsprechend kommt der gesundheitsbezogenen Sozialen Arbeit als Teilgebiet der Sozialen Arbeit eine enorme Bedeutung zu. Eine Vielzahl an spezialisierten Bachelor- und Masterstudiengängen sind entwickelt worden, wie beispielsweise die Masterstudiengänge „Mental Health" und „Klinische Sozialarbeit".

Gesundheitliche Ungleichheit zu verringern, setzt auf Seiten der Sozialarbeiter*innen voraus, dass sie über das nötige Know-how verfügen. Zu den Kenntnissen sollten auch Wissensbestände sozialepidemiologischer Herkunft gehören. Für das alltägliche Handeln der Professionellen sind diese zwar nicht existenziell, dennoch sollten sie zur Disziplin Soziale Arbeit im Sinne von sozialer Gesundheitsarbeit dazugehören (vgl. Heekerens 2018).

Aufgabe 34:
Jetzt ist Ihre Meinung gefragt: Welche Bedeutung kommt der gesundheitsbezogenen Sozialen Arbeit Ihrer Ansicht nach als Teilgebiet der Sozialen Arbeit zu?

6.2.2 Bildungsbezogene Soziale Arbeit

Mittlerweile ist der PISA-Schock 22 Jahre her. 2001 rückte die PISA-Studie die unterdurchschnittlichen Leistungen der deutschen Schüler*innen in den öffentlichen Fokus und zeigte auf, dass diese stark an die soziale Herkunft gekoppelt waren. Trotz aller Verbesserungen zeigt sich auch heutzutage, dass die soziale Herkunft in Deutschland nach wie vor maßgeblich über den Schulerfolg von Kindern bestimmt. So haben Kinder von Eltern mit hohen Abschlüssen auch häufiger akademische Abschlüsse als Kinder von Eltern mit geringerer Qualifizierung. Gleichzeitig zählen eine Migrationsgeschichte, Armut und elterliche Arbeitslosigkeit zu den Hauptfaktoren, die einer höheren Bildung entgegenstehen. Entsprechend liegen nach Maaz (2020) soziale Bildungsungleichheiten vor, wenn zwischen Bildungserfolg und sozialer Herkunft ein systematischer Zusammenhang in dem Sinne besteht, dass Personen, die ein bestimmtes Herkunftsmerkmal aufweisen, im Allgemeinen größeren oder geringeren Erfolg im Bildungssystem haben als Personen, bei denen das entsprechende Herkunftsmerkmal eine andere Ausprägung aufweist.

Gerade wenn es um Fragen der Teilhabechancen von Kindern und Jugendlichen geht, ist Bildung bedeutsam, um ihnen einen Ausweg aus zum Teil prekären Lebensverhältnissen zu geben. Spätestens seit den PISA-Befunden rücken vor allem die Lernorte und Gelegenheiten ins Blickfeld, die zum Gelingen der Kompetenzentwicklung beitragen konnten bzw. können. Für die Soziale Arbeit gewinnen nun zunehmend jene Orte an Bedeutung, die zu einer Erweiterung des Horizonts in den Prozessen des Aufwachsens von Kindern und Jugendlichen führten und nicht in Sonderwelten, wie z. B. der Schule, verortet sind. Vielmehr geht es um die Öffnung der alltäglichen Orte zu Bildungsmöglichkeiten. So verwundert es auch nicht, dass Bildungsarbeit vor allem in der Jugendarbeit zum Tragen kommt. Aus dem Kinder- und Jugendhilfegesetz geht folgendes hervor:

> „Jungen Menschen sind die zur Förderung ihrer Entwicklung erforderlichen Angebote der Jugendarbeit zur Verfügung zu stellen. Sie sollen an den Interessen junger Menschen anknüpfen und von ihnen mitbestimmt und mitgestaltet werden, sie zur Selbstbestimmung befähigen und zu gesellschaftlicher Mitverantwortung und zu sozialem Engagement anregen und hinführen." (§ 11, 1 SGB VIII)

Sichtbar wird anhand des Gesetzestextes, dass Teilhabe und Bildungschancen eng miteinander verknüpft sind. Teilhabemöglichkeiten, und weniger Bildungschancen, spielen in vielen weiteren sozialarbeiterischen Handlungsfeldern eine große Rolle. So waren und sind z. B. bei Maßnahmen der Eingliederungshilfe vielfältige Erwartungen und Befürchtungen mit der Einführung des Bundesteilhabegesetzes (BTHG) verbunden. Denn mithilfe dieser Reform soll die Behindertenhilfe in Deutschland in mehreren Stufen aus dem Fürsorgesystem herausgelöst und in ein modernes Teilhaberecht überführt werden. Dabei werden zwei große Ziele verfolgt: Zum einen möchte das Bundesteilhabegesetz zur Umsetzung der UN-Behindertenrechtskonvention beitragen, zum anderen ist hiermit der Wunsch, die Kostendynamik zu bremsen, verbunden. § 12 verpflichtet alle Rehabilitationsträger, konkrete Maßnahmen zu treffen, um sicherzustellen, dass Rehabilitations- und Teilhabebedarfe frühzeitig und umfassend erkannt werden und auf eine Antragstellung durch die Leistungsberechtigten hinwirken. Das Gesetz rückt das Wunsch- und Wahlrecht sowie die Partizipation von Menschen mit Behinderung in den Mittelpunkt. Es wird sich zeigen, ob Teilhaberechte mit dem Ziel der Inklusion eingelöst und umgesetzt werden.

6.2.3 Interkulturelle Soziale Arbeit

Mittlerweile hat etwa jede*r Fünfte in Deutschland einen Migrationshintergrund; bei Kindern und Jugendlichen ist der Anteil sogar noch höher (vgl. Stanat/Edele 2011). Der Begriff „Interkulturalität" bezieht sich auf die Begegnung und die Auseinandersetzung zwischen („inter") Menschen unterschiedlicher kultureller Prägung, um zu einem friedlichen Miteinander zu kommen. Weil wir in Deutschland in einer multikulturellen Gesellschaft, die geprägt von Vielfalt und Verschiedenheit ist, leben, spiegelt sich diese Tatsache auch in der Sozialen Arbeit wider. So kommt Schroer (o. J.) diesbezüglich zu der Einschätzung, dass Soziale Arbeit heutzutage interkulturell sei – und, wenn nicht, wäre sie nicht professionell. Das war nicht immer so. Nahm man in den 1950er Jahren noch an, dass es sich bei den damaligen ausländischen Arbeitnehmer*innen um „Gastarbeiter*innen" handle, deren Aufenthalt nur vorübergehend sei, und deshalb die Wohlfahrtsverbände für ihre Beratung und Betreuung zuständig wären, änderte sich diese Sichtweise in den 1980er Jahren. Bis dahin hatte sich die Zuwanderungssituation aber längst verfestigt. Nun fand eine kritische Auseinandersetzung mit den Sonderdiensten für Ausländer*innen statt. Es wurde die Forderung nach der Integration von Zuwander*innen in die allgemeinen Angebote sozialer Dienste und damit nach interkultureller Öffnung laut, die bis heute nicht an Aktualität verloren hat. Denn mit der Bezeichnung „Öffnung" ist der Wunsch, sich gegen Ausgeschlossenheit und Ausgrenzung zu wenden, verbunden. Dazu müssen Zugangsbarrieren abgebaut und interkulturelle Kompetenzen verstärkt werden.

Aufgabe 35:
Um welche Zugangsbarrieren in Bezug auf Zuwander*innen kann es sich hierbei Ihrer Meinung nach handeln?

Im Großen und Ganzen handelt es sich hierbei um folgende drei Barrieren, die einer Inanspruchnahme sozialarbeiterischer Angebote entgegenstehen können:
- mangelnde Lebensweltorientierung der Angebote,
- eingeschränkte Erfahrungen mit sozialarbeiterischen Angeboten im Herkunftsland,
- fehlendes Vertrauen in monokulturell erscheinende Angebote.

Zur ersten Barriere lässt sich festhalten, dass sich eine fehlende Orientierung an der Lebenswelt ihrer Adressat*innen darin zeigen kann, dass die Angebote z.B. nicht dort stattfinden, wo die Zielgruppe lebt, die Öffnungszeiten unflexibel sind oder Teilnahmegebühren anfallen. Sofern Familien mit Migrationshintergrund professionelle Hilfsangebote aus ihren Herkunftsländern nicht kennen bzw. diese ggf. eine andere Funktion haben, werden sie auch in Deutschland hiervon keinen Gebrauch machen. Ebenfalls wird durch eine vermeintlich monokulturelle Ausrichtung sozialarbeiterischer Angebote, z.B. indem dort nur Einheimische arbeiten, der Zugang für Menschen mit Migrationshintergrund erschwert.

Entsprechend wichtig ist es, dass Hilfsangebote so gestaltet werden, dass sie eine Nähe zur Lebenswelt von Familien mit Migrationshintergrund schaffen und interkulturelle Kompetenz vermitteln. Dies sollte vor allem auch in Regeleinrichtungen geschehen und nicht nur in Institutionen, die sich auf diese Zielgruppen spezialisiert haben. Mit interkultureller Kompetenz ist die Fähigkeit, angemessen mit Angehörigen anderer Kulturen zu kommunizieren, gemeint. Es geht sowohl um die Wertschätzung unterschiedlicher Sprachen und Religionen als auch um die Anerkennung ihrer jeweiligen Kommunikationsformen, Familienkulturen, Geschlechterrollen und Erziehungsstile. Auch die positive Würdigung ihrer sozialen Netzwerke und der diversen ethnischen Organisationen, von denen sie sich vertreten fühlen, schafft Vertrauen (vgl. Straßburger 2009).

6.3 Partizipation von Adressat*innen der Sozialen Arbeit

Das Thema Partizipation, oft auch als Teilhabe und/oder Beteiligung bezeichnet, hat einen hohen Stellenwert in der Sozialen Arbeit (s. hierzu auch Kap. 5.2.3). Denn die Förderung der Partizipation bietet große Chancen für ihre Adressat*innen, die nur allzu oft von zentralen Lebensbereichen ausgeschlossen sind. Damit es in Bezug auf potenzielle Partizipationsbestrebungen nicht nur bei Worthülsen verbleibt, ist eine theoretische Auseinandersetzung grundlegend. Dabei fällt auf, dass, obwohl es zwar noch keine einheitliche Theorie und auch keine einheitliche Begrifflichkeit der Sozialen Arbeit zur Partizipation gibt, viele Konzepte partizipative Aspekte aufnehmen. Beispielsweise nimmt die Partizipation im Kontext der Lebensweltorientierung als eine der Strukturmaximen eine wesentliche Rolle ein, indem sie „auf die Vielfältigkeit von Beteiligungs- und Mitbestimmungsmöglichkeiten" abzielt (Grunwald/Köngeter/Thiersch 2012, S. 189).

Aufgabe 36:
An welchen Entscheidungen können die Adressat*innen Ihrer Einrichtung mitwirken?

Es gibt unterschiedliche Ebenen, auf die Adressat*innen der Sozialen Arbeit einwirken können. Nach Schnurr (2011) handelt es sich hierbei um folgende Bereiche:

Ebene der Sozialpolitik, wie Wohnungs-, Gesundheits-, Arbeitsmarkt- und Jugendpolitik
Mittlere Ebene der Leistungserbringung, wie Organisationen, Zusammenarbeit von Leistungserbringern sowie Leistungsangebot und Zugangsmöglichkeiten
Direkte Ebene der Leistungserbringung, wie Einzelfall-, Gruppen- und Gemeinwesenarbeit sowie die Beziehungsgestaltung und Ausgestaltung des Unterstützungsprozesses

Tab. 3: Partizipationsebenen

Die skizzierten Ebenen geben Aufschluss darüber, inwieweit Adressat*innen der Sozialen Arbeit in Partizipationsprozesse eingebunden sind. Dafür sind Fragen wie „Welche Möglichkeiten der Einflussnahme auf die Ausgestaltung eines gesundheitsförderlichen Umfeldes bestehen auf lokaler Ebene?" oder

„Inwieweit können Nutzer*innen Einfluss auf die Leistungsgestaltung und den Erbringungskontext nehmen?“ hilfreich. Dabei kann Partizipation in unterschiedlichen Argumentationszusammenhängen diskutiert und begründet werden. Neben einer demokratietheoretischen und einer dienstleistungstheoretischen Begründung sind für Handlungsfelder der Sozialen Arbeit vor allem eine pädagogische und eine bildungstheoretische Perspektive relevant. Sie begründen die Forderung nach Partizipation damit, dass „für eine aktive Teilnahme am öffentlichen und politischen Leben“ Gelegenheiten geschaffen werden müssen, „in denen partizipative Fähigkeiten und Handlungsstile angeeignet und das dafür erforderliche Wissen erworben werden können“ (Schnurr 2011, S. 1072). Es geht somit um einen verstärkten Einbezug der Adressat*innen der Sozialen Arbeit in zentrale Bereiche des öffentlichen Lebens, wie Arbeitsmarkt, Politik und Kultur, damit diese nicht zu Ausgrenzungsfeldern werden.

6.3.1 Jugendliche mit Fluchthintergrund im Hilfesystem

Seit 2015 kommen vermehrt Menschen nach Deutschland, die aus ihren Herkunftskontexten oder Drittländern fliehen. Ihre Fluchtgründe sind unterschiedlich: Sie reichen über Gewalt, Terror oder Genozid bis zur Verbesserung der Lebenschancen im Hinblick auf Arbeit, Bildung, Ausbildung oder Gesundheit. Obwohl Personen mit Migrationshintergrund schon seit vielen Jahren Zielgruppe der Sozialen Arbeit sind, hat sie durch den Zustrom an geflüchteten Menschen einen enormen Professionalisierungsschub erfahren. Unter den Menschen mit Fluchterfahrungen sind viele Personen, die zu den besonders schutzbedürftigen Flüchtlingen gehören.

Aufgabe 37:
Welche Personengruppen zählen Ihrer Meinung nach zu den besonders schutzbedürftigen Menschen mit Fluchthintergrund?

Neben alleinerziehenden Frauen mit minderjährigen Kindern und Kindern und Jugendlichen mit oder ohne Begleitung gehören Menschen mit Behinderungen, ältere Menschen, Betroffene von Menschenhandel, Personen mit schweren körperlichen Erkrankungen und/oder psychischen Störungen sowie Personen, die schwere Formen psychischer, physischer oder sexueller Gewalt erlitten haben, zum besonders schutzbedürftigen Personenkreis.

Bei geflüchteten Jugendlichen handelt es sich zunächst um Jugendliche mit all ihren alterstypischen Bedürfnissen, Interessen und Wünschen. Sie stellen keine homogene Gruppe dar, sondern unterscheiden sich beispielsweise bezüglich ihrer Erfahrungen in ihrem Heimatland, ihres Bildungsstandes, ihrer Geschlechtszugehörigkeit und ihrer Freizeitgestaltung. Gemeinsam ist ihnen dennoch, dass sie Erfahrungen durch ihre Flucht und das Ankommen in Deutschland teilen. Dabei ist für sie von besonderer Bedeutung, ob sie unbegleitet oder mit Familienangehörigen angekommen sind. Unbegleitete Jugendliche bekommen mehr professionelle Angebote und sind besser in Freizeitaktivitäten eingebunden (vgl. Katholische Landesarbeitsgemeinschaft Kinder- und Jugendschutz 2018). Im Rahmen eines Forschungsprojektes zur Bildungsteilhabe geflüchteter Jugendlicher im außerschulischen Bildungsbereich (Genenger-Stricker et al. 2018) wurde festgestellt, dass die Jugendlichen keinen Sonderstatus für sich beanspruchen möchten, sondern die Teilnahme an regulären Angeboten favorisieren. Ihnen sei wichtig, dass sie neben Ablenkung Kontakt zu einheimischen Jugendlichen aufnehmen und ihre Sprachkenntnisse verbessern können. Aus diesem Grund sollte auch geprüft werden, inwieweit es sinnvoll ist, Angebote nur für diese Zielgruppe zu initiieren, oder ob bereits bestehende Angebote inklusiv für geflüchtete Jugendliche geöffnet werden können. Der Vorteil besteht bei Letztgenanntem darin, dass niemand als hilfebedürftig gekennzeichnet wird. Die Beteiligung der geflüchteten Jugendlichen als Expert*innen in eigener Sache hat bei der Sozialen Arbeit im Kontext Flucht eine große Bedeutung. Denn nur so können Machtunterschiede, die beispielsweise durch Sprachbarrieren oder zwischen Betroffenen und zuständigen Stellen entstehen, abgefangen werden. Nach Schlichting (2017) kann Partizipation von geflüchteten Jugendlichen ein Weg sein, ihre Handlungs- und Selbstbestimmungsmöglichkeiten, die z. B. durch die Trennung von der Familie oder durch eine unsichere Bleibeperspektive eingeschränkt sind, wieder zu stärken.

Es ist möglicherweise zudem hilfreich, sich Beteiligung als einen zweigleisigen Prozess vorzustellen: Einerseits als „Bottom-up“-Prozess (von unten nach oben), andererseits als „Top-down“-Prozess (von oben nach unten):

- Beim *„Bottom-up“-Ansatz* wird die Handlungskompetenz von geflüchteten Jugendlichen gefördert. Dies kann im Rahmen von Workshops und/oder Seminaren erfolgen.
- Beim *„Top-down“-Prozess* geht es um die Verankerung von Beteiligung in den Regelstrukturen der Kommune. Dafür sollten ein gemeinsames Ziel verfolgt und eine entsprechende Strategie entwickelt werden.

Es haben sich inzwischen zahlreiche Projekte zur Partizipation geflüchteter Jugendlicher etabliert, wie z. B. der offenen Kinder- und Jugendtreff „Space“ in Walheim. Das Angebot reicht vom gemeinsamen Basteln, Kochen, Toben und Chillen bis hin zum Musizieren. Daneben bietet der Jugendtreff auch einen Außenbereich zum Grillen und Spielen. Unterschiedliche Sportangebote runden das Programm ab. Das „Space“ hat sich, als die ehemalige Förderschule direkt nebenan zu einer Notunterkunft für geflüchtete Menschen umfunktioniert wurde, in der Verantwortung gesehen, die neu zugezogenen Kinder und Jugendlichen auch bei sich „willkommen“ zu heißen. So lautet das Leitmotiv „Miteinander statt nebeneinander – Füreinander statt gegeneinander“. Kinder und Jugendliche aus unterschiedlichen Nationen haben unabhängig von Religionszugehörigkeit oder kulturellem Hintergrund die Möglichkeit, an allen Angeboten und Projekten mitzuwirken und diese nach ihren Bedürfnissen zu gestalten. Nähere Informationen finden sich auf der Homepage des Kinder- und Jugendtreffs: https://space-walheim.de/ (Zugriff am 20.04.2023).

6.3.2 Menschen mit einer schweren psychischen Erkrankung

Menschen mit einer schweren psychischen Erkrankung können heute ein deutlich besseres Leben führen als es noch vor Jahrzehnten der Fall war. Von einer langanhaltenden psychischen Erkrankung spricht man in aller Regel ab einer Dauer von circa zwei Jahren. Weil eine seelische Erkrankung Auswirkungen auf alle Lebensbereiche haben kann, ist bei der Behandlung schwerer und chronischer psychischer Erkrankungen ein komplexer Behandlungsansatz erforderlich, der sich an einem bio-psycho-sozialem Verständnis orientieren sollte. Diese Erkenntnis ist nicht neu. Spätestens durch die im Jahr 1975 stattfindende Psychiatriereform hat sich der Umgang mit psychisch erkrankten Menschen stark verändert. Gab es bis zu diesem Zeitpunkt vor allem für schwer psychisch erkrankte Menschen kaum eine Alternative zur damaligen Verwahrpsychiatrie, können Betroffene heute oftmals ein Leben in der Gemeinde führen. Ein breit angelegtes Unterstützungsnetz wurde entwickelt, um Betroffene nicht nur bei ihrer Krankheitsbewältigung zu unterstützen, sondern auch die mit der Erkrankung einhergehenden Auswirkungen auf praktisch alle Lebensbereiche der Betroffenen aufzufangen. Hierzu zählen Kontaktstellen, Tagesstätten, ambulant betreutes Wohnen, ambulant psychiatrische Pflege, psychiatrische Institutsambulanzen, Sozialpsychiatrische Dienste, Beschäftigungs- und Arbeitsprojekte und vieles mehr. In all diesen Unterstützungsangeboten sind überwiegend Mitarbeiter*innen aus der Profession der Sozialen Arbeit tätig (vgl. Walther 2017). Ziel dieser sozialpsychiatrischen Maßnahmen sind die Aufhebung der Ausgrenzung psychisch erkrankter Menschen und das Ermöglichen eines Lebens in der Mitte der Gesellschaft.

Mit dem Auf- und Ausbau des gemeindepsychiatrischen Hilfesystems rückten zunächst Fragen nach dem grundlegenden Menschenbild, nach der Rechtsstellung und der Würde der Betroffenen in den Hintergrund. Sie wurden später wieder, vor allem auch durch internationale Impulse, aufgegriffen. Hier sind insbesondere das im Jahr 2005 von der Europäischen Kommission verabschiedete „Grünbuch" zur Verbesserung der psychischen Gesundheit der Bevölkerung sowie das Übereinkommen der Vereinten Nationen über die Rechte von Menschen mit Behinderungen (UN-BRK), das im Jahr 2006 von der Generalversammlung der Vereinten Nationen verabschiedet wurde und mit Beginn des Jahres 2009 in Deutschland Gesetzeskraft erlangte, zu nennen. Durch die UN-BRK fand ein Perspektivenwechsel statt: Ein Mensch ist nicht mehr behindert, sondern er wird behindert. Die eigentliche Behinderung erfolgt erst durch Barrieren im gesellschaftlichen Umfeld. Die Prinzipien der Autonomie und Partizipation haben einen großen Stellenwert bekommen. Von der UN-BRK gingen wesentliche Impulse für das Bundesteilhabegesetz (BTHG) aus, mit dem Ziel, ein modernes Teilhaberecht zu etablieren (vgl. Friedrich-Ebert-Stiftung 2019). Dennoch zeigt sich, dass die aktuellen Probleme der Versorgung von Menschen mit psychischen Erkrankungen auch mit der UN-BRK und dem BTHG nicht gelöst wurden. Nach wie vor orientierten sich viele Unterstützungsangebote für Menschen mit psychischen Erkrankungen stark an den bestehenden Institutionen und nicht an den individuellen Bedürfnissen der Nutzer*innen. Das bedeutet, dass anstelle einer Personenzentrierung oft eine Institutionszentrierung stattfindet. Ein Umdenken ist zwingend erforderlich, indem die Menschenwürde und infolgedessen die Menschenrechte Ausgangspunkt in der Versorgung von Menschen mit psychischen Erkrankungen sind. Es geht nicht nur um eine Reduktion von Krankheitssymptomen, sondern ebenfalls um den Erhalt oder die Wiedergewinnung sozialer Teilhabechancen. Dem stehen aktuell aber noch einige Problemfelder im Wege. Neben dem Fehlen einer intensiven ambulanten Unterstützungsstruktur zur teilstationären und stationären Versorgung ist das derzeitige Hilfesystem stark fragmentiert, unübersichtlich und es bestehen erhebliche Koordinationsdefizite. So erfahren gerade Menschen mit einer schweren psychischen Erkrankung häufig Beziehungs- und Kontaktabbrüche, indem sie Leistungen unterschiedlicher Leistungserbringer nutzen und folglich mit wechselnden Bezugspersonen in Kontakt stehen. Daneben sind Betroffene vor allem in den Bereichen Wohnen und Arbeit exkludiert. Dieses zeigt sich u. a. daran, dass noch im Jahr 2017 über 60.000 psychisch erkrankte Menschen in Heimen lebten (vgl. BAGÜS 2019). Gleichzeitig hat der Anteil psychisch kranker Menschen in Werkstätten für behinderte Menschen (WfbM) im Zeitraum von 2006 bis 2016 um 52 Prozent zugenommen (vgl. BGW 2017). Im Hinblick auf die Partizipation psychisch erkrankter Menschen fehlt es noch an einer einheitlichen Struktur. Ziel sollte die Mitbestimmung auf allen Ebenen, wie z. B. bei der Ausgestaltung des Unterstützungskontextes, sein.

All diese Beispiele verdeutlichen, dass Menschen mit schweren, chronischen psychischen Erkrankungen nach wie vor im Grunde in „Sonderwelten" arbeiten und leben. Der Abbau von Barrieren, welche die Teilhabe von Menschen mit einer schweren psychischen Erkrankung behindern, ist weiter voranzutreiben. Vielfältige Projekte haben sich rund um das Thema Partizipation von psychisch erkrankten Menschen entwickelt. Hierzu gehört beispielsweise der betroffeneninitiierte und durch das Bundesministeriums für Arbeit und Soziales geförderte „Partizipative Landschaftstrialog Psychiatrie und psychosoziale Versorgung". Dieser hat in einem Zeitraum von zwei Jahren Handlungsempfehlungen zur Umsetzung der Menschenrechte und Partizipation in der psychiatrischen und psychosozialen Versorgung entwickelt. Zu den Themenschwerpunkten gehören u. a. die Förderung der Selbstbestimmung statt ersetzter Entscheidungsfindung/Fremdbestimmung, Partizipation statt Fürsprache und Menschenrechtsorientierung statt Krankheitsversorgung. Weitere Informationen finden sich auf folgender Webseite: https://sozialpsychiatrie-mv.de/versorgung/handlungsempfehlungen-gleichberechtigte-partizipation/ (Zugriff am 20.04.2023).

6.3.3 Menschen im höheren Alter

Angesichts einer immer älter werdenden Gesellschaft kommt der Gewährleistung der Teilhabe älterer Menschen am ökonomischen, sozialen, kulturellen und gesellschaftlichen Leben eine besondere Bedeutung zu. So darf die Kategorie „Alter" nicht zur Ausgrenzung führen, wie es beispielsweise jahrzehntelang auf dem Arbeitsmarkt der Fall war. Die Forschungsgesellschaft für Gerontologie e. V. (2011) kommt zu dem Schluss, dass die mit dem demografischen Wandel einhergehenden Herausforderungen erst bewältigt werden können, wenn es den Älteren im gleichen Maße wie anderen Generationen ermöglicht wird, ihre spezifischen Bedürfnisse, Interessen und Wünsche zu artikulieren und aktiv in Entscheidungs- und Gestaltungsprozesse einbezogen zu werden. Der fünfte Bericht der Bundesregierung (2005) zur Lage der älteren Generation in der Bundesrepublik Deutschland verweist in diesem Kontext ausdrücklich darauf, die vorhandenen Fähigkeiten und Fertigkeiten älterer Menschen zu erhalten, zu entwickeln und gesellschaftlich besser zu nutzen. Dabei ist das Thema Alter nicht nur eine gesamtgesellschaftliche Aufgabe mit Fokus auf die Handlungsbereiche Gesundheit und Pflege, sondern es hat sich gezeigt, dass Alter und damit zusammenhängende Lebensfragen genauso die Soziale Arbeit betreffen. Ihre Aufgabe ist es, alten Menschen in dieser Lebensphase zur Seite zu stehen und ihre Eigenständigkeit möglichst lange zu erhalten und zu fördern, gerade auch wenn sie von Problemlagen betroffen sind. Denn mit dem Alter können Altersarmut, Isolation, gesundheitliche Beeinträchtigungen und eine damit verbundene eingeschränkte Mobilität verbunden sein. Um möglichst für alle Senior*innen Zugänge zu Angeboten zu schaffen, sollten ihre vielfältigen Lebenswelten miteinbezogen werden, damit Barrieren, wie eine schlechte Erreichbarkeit oder unpassende Kurszeiten, vermieden werden. Dafür stehen verschiedene ambulante und stationäre Angebote zur Verfügung. Diese sollten nicht nur an den Kompetenzen der Teilnehmer*innen, z. B. in Form von handwerklichen Kursen oder Stricken, ansetzen, sondern auch auf einen konkreten Nutzen, wie einen gemeinsamen Mittagstisch oder Freizeit, ausgerichtet sein.

Die Coronapandemie hat weiterhin dazu beigetragen, dass der Digitalisierung im Rahmen der Senior*innenarbeit eine zentrale Stellung zukommt. Klein et al. (2021) stellen in diesem Zusammenhang heraus, dass es zunächst gilt, eine verlässliche Infrastruktur, wie Wlan-Zugänge und freie Zugänge zu Endgeräten, für Beschäftigte und Adressat*innen in Einrichtungen der Seniorenarbeit zu etablieren. Denn der Einsatz digitaler Medien eröffnet auch in diesem Arbeitsfeld viele neue Möglichkeiten und stellt eine wichtige Ergänzung zum persönlichen Kontakt dar. Ebenfalls müsse nicht nur die Ambivalenz gegenüber digitalen Medien abgebaut werden, sondern auch der Datenschutz müsse gewährleistet sein. Eine entsprechende Schulung von Mitarbeiter*innen sei durchzuführen.

Einen richtungsweisenden Plan zur Förderung der Integration und Partizipation älterer Menschen stellt das Konzept des „Active Ageing" dar. Dieses wurde bereits im Jahr 2002 von der WHO entwickelt. Dabei geht es vor allem darum, „den Prozess der Optimierung der Möglichkeiten von Menschen, im zunehmenden Alter ihre Gesundheit zu wahren, am Leben ihrer sozialen Umgebung teilzunehmen und ihre persönliche Sicherheit zu gewährleisten, und dadurch ihre Lebensqualität zu verbessern", voranzubringen (World Health Organization, 2002, S. 12). „Active Ageing“ ist auf den drei Säulen Teilhabe, Gesundheit und Sicherheit aufgebaut. Zu der ersten Säule gehören die möglichst lange Teilnahme am gesellschaftlichen Leben sowie die Teilnahme am Arbeitsmarkt, aber auch die Ehrenamtsarbeit in Vereinen, die Teilhabe am Familienleben und politisches Engagement. Um diese Ziele zu erreichen, ist es erforderlich, sowohl gesundheitliche Risikofaktoren zu verringern und die medizinische Versorgung zu verbessern als auch die physische und die psychische Gesundheit zu fördern (zweite Säule). Die dritte Säule „Sicherheit“ umfasst die sozialen, finanziellen und physischen Bedürfnisse älterer Menschen (vgl. Bundesministerium für Soziales, Gesundheit, Pflege und Konsumentenschutz 2020). Dabei betont das Konzept Rechte und Pflichten in gleichem Maße. So hat jeder Mensch beispielsweise das Recht, eine Fähigkeit zur Partizipation auszubilden, ist zugleich aber auch verpflichtet, Teilhabechancen zu nutzen und Aktivität im Alter aufrechtzuerhalten. Dafür werden Ermöglichungsstrukturen benötigt. Diese sogenannten Vorleistungsverpflichtungen sollen u. a. durch die Kommunen, die Wirtschaft, Parteien und Verbände erbracht werden (vgl. Forschungsgesellschaft für Gerontologie 2011).

7 Perspektiven der (Teilhabe-)Gerechtigkeit in der Sozialen Arbeit

Nach wie vor bestehen in Deutschland ungleiche Lebensverhältnisse, die wiederum Ausgangspunkt für Diskussionen um die soziale Gerechtigkeit sind. Während lange Zeit der Ausgleich monetärer Mangellagen politisch angestrebt wurde, sprechen wir heute darüber, welche Einschränkungen es für betroffene Menschen im Hinblick auf ihre gesellschaftliche Teilhabe, wie in den Bereichen Bildung, Kultur und Wohnen, gibt und wie diese Barrieren abgebaut werden können. Dabei werden zentrale gesellschaftliche Werte, wie Gleichheit, Freiheit und Solidarität, angeschnitten und sind direkt oder indirekt Gegenstand von Verhandlungen über individuelle und kollektive Rechte und Pflichten (vgl. Kahlert 2006). Dieser Blick auf gerechte Verhältnisse prägt selbstverständlich auch die sozialstaatlichen Institutionen, wie z. B. gemeindepsychiatrische Einrichtungen, ihre vorgehaltenen Angebote und die Theorieentwicklung. Es findet nun vor allem eine Orientierung an den Ressourcen zur Teilhabeförderung statt und weniger an der Teilhabe an sich. Infolgedessen bedarf es nicht nur der Möglichkeit von Zugängen zu verschiedenen Teilsystemen, sondern Menschen sollen im Rahmen sozialarbeiterischer Angebote dahingehend befähigt werden, entsprechende Fähigkeiten auszubilden, die ihnen Teilhabe ermöglichen (vgl. dazu auch Sen/Nussbaum: Capability Ansatz).

Diese umfassende Gerechtigkeitsperspektive wird in der Praxis dennoch nicht zugrunde gelegt. Dies verdeutlicht u. a. die Konzentration auf Forderungen nach Selbstverantwortung, Eigenaktivität und Integrationsbemühungen, wie es beispielsweise beim Arbeitsmarkt der Fall ist. So wird die Gewährung von Chancen zur Teilhabe an den gesellschaftlichen Grundgütern im Kontext des aktivierenden Sozialstaates auch an die Verpflichtung zur Ergreifung dieser Chancen gekoppelt und verschiebt damit die Erfolgsverantwortung auf die Adressat*innen selbst (vgl. Kessl 2006). Im Rahmen sozialarbeiterischer Hilfen geht es deshalb nicht selten darum, Adressat*innen zu einer Einstellungsveränderung in Bezug auf das, was gut für sie ist und was eben nicht, zu verhelfen (vgl. Albus 2014). Ob dieser Umstand den Ansprüchen professioneller Sozialer Arbeit entspricht, bleibt fraglich.

Abschließend ist festzuhalten, dass eine sozial gerechte Gesellschaft einzelne Personen und Gruppen nicht marginalisieren darf, sondern jeden gleichwertig zu behandeln hat. Behrendt (2018, S. 43) bringt es folgendermaßen auf den Punkt: „Das Ideal einer inklusiven Gesellschaft steht demnach für eine Gesellschaft, an der jedes Mitglied seinen individuellen Begabungen und Interessen entsprechend als Gleiche*r teilhat."

Literatur

Agentur für Forschung (2021): Soziale Gerechtigkeit: Bericht zur qualitativen Studie (Berichte für das Bundespresseamt). Mannheim. https://nbn-resolving.org/urn:nbn:-de:0168-ssoar-74993-6 (Zugriff am 26.05.2022).

Ainsworth, Mary D. Salter/Blehar, Mary C./Waters, Everett/Wall, Sally (1978): Patterns of attachment – A psychological study of the strange situation. Hillsdale.

Albus, Stefanie (2014): Teilhabe-/Gerechtigkeit. In: Düring, Diana/Krause, Hans-Ulrich/Peters, Friedhelm/Rätz, Regina/Rosebauer, Nicole/Vollhase, Matthias (Hrsg.): Kritisches Glossar Hilfen zur Erziehung. Frankfurt a. M., S. 355–360.

Alsago, Elke/Meyer, Nikolaus (2021): Soziale Arbeit am Limit? Professionsbezogene Folgen veränderter Arbeitsbedingungen in der Soziale Arbeit. Sozial Extra, 45 (3), S. 210–218.

Altgeld, Thomas/Bittlingmayer, Uwe (2017): Verwirklichungschancen/Capabilities. https://leitbegriffe.bzga.de/alphabetisches-verzeichnis/verwirklichungschancen-capabilities/ (Zugriff am 04.06.2022).

AvenirSocial (2014): Berufsbild der Professionellen Sozialer Arbeit. https://avenirsocial.ch/wp-content/uploads/2018/12/AS_Berufsbild_DE_def_1.pdf (Zugriff am 04.05.2023).

Bäumlin, Richard/Ridder, Helmut (1984): Alternativkommentare. In: Dreier, Horst (Hrsg.): Kommentar zum Grundgesetz für die Bundesrepublik Deutschland. Band 1. Berlin, S. 1288–1337.

Beck, Susanne/Diethelm, Anita/Kerssies, Marijke/Grand, Olivier/Schmocker, Beat (2010): Berufskodex Soziale Arbeit Schweiz. Ein Argumentarium für die Praxis der Professionellen. Bern.

Beck, Ulrich (1986): Jenseits von Klasse und Schicht. In: Beck, Ulrich (Hrsg.): Risikogesellschaft. Auf dem Weg in eine andere Moderne. Frankfurt a. M., S. 121–160.

Behrendt, Hauke (2018): Teilhabegerechtigkeit und das Ideal einer inklusiven Gesellschaft. Zeitschrift für Praktische Philosophie, 5 (1), S. 43–72.

BMAS (2005): Lebenslagen in Deutschland – Der 2. Armuts- und Reichtumsbericht der Bundesregierung. https://www.armuts-und-reichtumsbericht.de/SharedDocs/Downloads/Berichte/lebenslagen-deutschland-zweiter-armuts-reichtumsbericht.pdf;jsessionid=A55A 1F1C A6735B87C049FD4B8E6D666A?blob=publicationFile&v=3 (Zugriff am 23.01.2023).

Böhnisch, Lothar (2002): Lebensbewältigung. Ein sozialpädagogisch inspiriertes Paradigma für die Soziale Arbeit. In: Thole, Werner (Hrsg.): Grundriss Soziale Arbeit. Opladen, S. 199–213.

Böhnisch, Lothar/Schröer, Wolfgang/Thiersch, Hans (2005): Sozialpädagogisches Denken. Wege zu einer Neubestimmung. Weinheim.

Bundesarbeitsgemeinschaft der überörtlichen Träger der Sozialhilfe (2017): Kennzahlenvergleich Eingliederungshilfe der überörtlichen Träger der Sozialhilfe. http://kennzahlenvergleich-eingliederungshilfe.de/images/berichte/2019-04-08%20BAGS%20Bericht%20 2017_barrierefrei_final.pdf (Zugriff am 20.04.2023).

Bundesministerium für Familie, Senioren, Frauen und Jugend (2005): Fünfter Bericht zur Lage der älteren Generation in der Bundesrepublik Deutschland: Potenziale des Alters in Wirtschaft und Gesellschaft. Der Beitrag älterer Menschen zum Zusammenhalt der Generationen. Berlin: Bundestags-Drucksache 16/2190.

Bundesministerium für Soziales, Gesundheit, Pflege und Konsumentenschutz (2020): Geschlechtsunterschiede bei Active Ageing – Der SHARE Active-Ageing Index (AAI). Wien/Linz.

Buschle, Carsten/Meyer, Nikolaus (2020): Soziale Arbeit im Ausnahmezustand?! Professionstheoretische Forschungsnotizen zur Corona-Pandemie. Soziale Passagen, 12 (1), S. 155–170.

Butterwegge, Christoph (2020): Ungleichheit in der Klassengesellschaft. Köln.

Büttner, Thomas/Schewe, Torben/Stephan, Gesine (2015): Maßnahmen auf dem Prüfstand. https://doku.iab.de/kurzber/2015/kb0815.pdf (Zugriff am 13.05.2022).

DBSH (2017): Deutschsprachige Definition Sozialer Arbeit. https://www.dbsh.de/profession/definition-der-sozialen-arbeit.html (Zugriff am 28.02.2023).

Deutsches Institut für Menschenrechte (2022): Was ist ein Menschenrecht? https://www.institut-fuer-menschenrechte.de/themen/menschenrechtsbildung/was-sind-menschenrechte (Zugriff am 20.03.2022).

Eberlei, Walter/Neuhoff, Katja/Riekenbrauk, Klaus (2018): Menschenrechte – Kompass für die Soziale Arbeit. Stuttgart.

Ebert, Jürgen (2013): New Managerialism. Eine Gefahr für die Profession? – Die Bedeutung der Aufhebung demokratischer Strukturen für die Arbeitsbeziehungen in der Sozialen Arbeit. https://www.hawk.de/sites/default/files/2018-10/soziale_arbeit_und_demokratie.pdf (Zugriff am 17.01.2023).

Effinger, Herbert (2008): Die Wahrheit zum Lachen bringen. Humor als Medium in der Sozialen Arbeit. Weinheim/München.

Engelke, Ernst/Borrmann, Stefan/Spatscheck, Christian (2018): Theorien der Sozialen Arbeit (7. Aufl.). Freiburg.

Esping-Anderson, Gosta (1990): The three worlds of Welfare capitalism. Cambridge.

Fachgesellschaft für Geronotologie e. V. (2011): Arbeitspapier – Partizipation im Alter. https://www.ffg.tu-dortmund.de/cms/Medienpool/110330_Arbeitspapier_Partizipation_FfG_4-2011_final.pdf (letzter Zugriff: 17.12.2022).

Friedrich-Ebert-Stiftung (2019): Es ist Zeit für einen neuen Aufbruch! Handlungsbedarfe zur Reform der psychosozialen Versorgung 44 Jahre nach der Psychiatrie-Enquete. https://elke-prestin.de/data/documents/Positionspapier-FES.pdf (Zugriff am: 04.11.2022)

Füssenhäuser, Cornelia/Thiersch, Hans (2018): Theorie und Theoriegeschichte Sozialer Arbeit. In: Otto, Hans-Uwe/Thiersch, Hans/Treptow, Rainer/Ziegler, Holger (Hrsg.): Handbuch Soziale Arbeit (6. überarb. Aufl.). München, S. 1720–1732.

Geißler, Rainer (2014a): Facetten der modernen Sozialstruktur. https://www.bpb.de/shop/zeitschriften/izpb/198045/facetten-der-modernen-sozialstruktur/ (Zugriff am 04.01.2023).

Geißler, Rainer (2014b): Die Sozialstruktur Deutschlands (7., grundlegend überarb. Aufl.). Wiesbaden.

Genenger-Stricker, Marianne/Mallmann, Weena/Sylla, Nadine/Frieters- Reermann, Norbert (2018): Bildungsteilhabe für geflüchtete Jugendliche – Anforderungen an die Jugendarbeit. Deutsche Jugend. Zeitschrift für Jugendarbeit, 66 (10), S. 427–435.

Gilbert, Neil (2002): Transformation of the Welfare State. The Silent Surrender of Public Responsibility. Oxford.

Hamburger, Franz (2003): Einführung in die Sozialpädagogik. Stuttgart.

Hancken, Sabrina (2023): Beziehungsgestaltung in der Sozialen Arbeit (2. Aufl.). Göttingen.

Heekerens, Hans-Peter (2017): Auf gute Nachbarschaft – Die Wohnumgebung von Kindern beeinflusst deren spätere Lebensqualität. Zeitschrift für Soziologie der Erziehung und Sozialisation, 37 (1), S. 104–110.

Heekerens, Hans-Peter (2018): Gesundheit und soziale Ungleichheit: Arme sind kränker und sterben früher. https://www.socialnet.de/materialien/28121.php(Zugriff am 21.04.2023).

Herwig-Lempp, Johannes (2007): Machtbewusstseinserweiterung für SozialarbeiterInnen. https://www.herwig-lempp.de/daten/veroeffentlichungen/0704MachtbewusstJHL.pdf (Zugriff am: 24.04.2023).

Heßler, Michael (2012): Drei unterschiedliche Typen des Wohlfahrtsstaates (Esping-Anderson). http://www.asw.fh-dortmund.de/hessler/He%C3%9FlerMarktStaatFamilie.pdf (Zugriff am 30.03.2022).

Hochschild, A. (1990): Das gekaufte Herz – Zur Kommerzialisierung der Gefühle. Frankfurt a. M.

Honneth, Axel (1992): Kampf um Anerkennung, Frankfurt a. M.

Humanrights.ch (2022): Das Menschenbild der Menschenrechte. https://www.humanrights.ch/de/ipf/grundlagen/was-sind-mr/was-sind-menschenrechte/ (Zugriff am 20.03.2022).

IFSW (2014): Global Definition of Social Work. https://www.ifsw.org/what-is-social-work/global-definition-of-social-work/ (Zugriff am 04.05.2023).

IFSW/IASSW (2004): Ethik in der Sozialen Arbeit – Erklärung der Prinzipien. https://www.ethikdiskurs.de/fileadmin/user_upload/ethikdiskurs/Themen/Berufsethik/Soziale_Arbeit/Ethik_in_der_Sozialen_Arbeit.pdf (Zugriff am 21.04.2022).

Institut für Arbeitsmarkt- und Berufsforschung der Bundesagentur für Arbeit (2020): Einbeziehung schwer zu erreichender junger Menschen in die Grundsicherung – eine Erfolgsgeschichte? https://www.iab-forum.de/einbeziehung-schwer-zu-erreichender-junger-menschen-in-die-grundsicherung-eine-erfolgsgeschichte/ (Zugriff am 08.05.2022).

Kahlert, Heike (2006): Soziale Gerechtigkeit, Konturen einer „guten Gesellschaft" und radikal-politische Kritik: Zum utopischen Realismus von Anthony Giddens. In: Degener, Ursula/Rosenzweig, Beate (Hrsg.): Die Neuverhandlung sozialer Gerechtigkeit: Feministische Analysen und Perspektiven. Wiesbaden, S. 79–96.

Kessl, Fabian/Plößer, Melanie (2010): Differenzierung, Normalisierung, Andersheit. Wiesbaden.

Klein, Ludger/Merkle, Maike/Molter, Sarah (2021): Schwierige Zugänge älterer Menschen zu Angeboten der Sozialen Arbeit – Abschlussbericht eines Praxisforschungsprojekts. Frankfurt a. M.

Konopka, Gisela (1971): Soziale Gruppenarbeit: ein helfender Prozess. Weinheim/Berlin/Basel.

Köttig, Michaela/Röh, Dieter (2019): Soziale Arbeit in der Demokratie – Demokratieförderung in der Sozialen Arbeit. Opladen/Berlin/Toronto.

Lutz, Ronald (2011): Das Mandat der Sozialen Arbeit. Wiesbaden.

Lutz, Tilmann (2011): Soziale Arbeit im aktivierenden Staat – Kontinuitäten, Brüche und Modernisierungen am Beispiel der Professionalisierung. Widersprüche: Zeitschrift für sozialistische Politik im Bildungs-, Gesundheits- und Sozialbereich, 31, S. 173–184.

Maaz, Kai (2020): Was sind soziale Bildungsungleichheiten? https://www.bpb.de/themen/bildung/dossier-bildung/322204/was-sind-soziale-bildungsungleichheiten/ (Zugriff am 25.09.2022).

Möhring-Hesse, Matthias (2010): Wie Gerechtigkeit in die Soziale Arbeit kommt. Als Experten für soziale Probleme und deren Bearbeitung die Ethik der Sozialen Arbeit beeinflussen. https://www.nomos-elibrary.de/10.5771/0340-8574-2010-1-12.pdf?download_full_pdf=1 (Zugriff am 31.03.2022).

Nolte, Paul (2006): Riskante Moderne. München.

Nussbaum, Martha (1999): Gerechtigkeit oder das Gute Leben. Frankfurt a. M.

Nussbaum, Martha (2010): Die Grenzen der Zugehörigkeit. Behinderung, Nationalität und Spezieszugehörigkeit. Frankfurt a. M.

Nussbaum, Martha (2015): Fähigkeiten schaffen: Neue Wege zur Verbesserung menschlicher Lebensqualität. Freiburg i. Br.

Oehler, Patrick (2018): Demokratie und Soziale Arbeit. Wiesbaden.

Oevermann, Ulrich (2013): Die Problematik der Strukturlogik des Arbeitsbündnisses und der Dynamik von Übertragung und Gegenübertragung in einer professionalisierten Praxis von Sozialarbeit. In: Becker-Lenz, Roland/Busse, Stefan/Ehlert, Gudrun/Müller-Hermann, Silke (Hrsg.): Professionalität in der Sozialen Arbeit – Standpunkte, Kontroversen, Perspektiven (3. Aufl.). Wiesbaden, S. 119–147.

Oschmiansky, Frank/Berthold, Julia (2020): Wohlfahrtsstaatliche Grundmodelle. https://www.bpb.de/themen/arbeit/arbeitsmarktpolitik/305930/wohlfahrtsstaatliche-grundmodelle/ (Zugriff am 31.01.2023).

Oschmiansky, Frank (2021): Maßnahmen zur Aktivierung und beruflichen Eingliederung. https://www.bpb.de/themen/arbeit/arbeitsmarktpolitik/326457/massnahmen-zur-aktivierung-und-beruflichen-eingliederung/ (Zugriff am 09.01.2023).

Rawls, John (1971): A Theory of Justice. Original Edition. Oxford.

Rawls, John (2005): A Theory of Justice: Original Edition. Oxford.

Rogers, Carl (2004): Entwicklung der Persönlichkeit – Psychotherapie aus der Sicht eines Therapeuten. Stuttgart.

Röh, Dieter (2013): Soziale Arbeit, Gerechtigkeit und das gute Leben – Eine Handlungstheorie zur daseinsmächtigen Lebensführung. Wiesbaden.

Röh, Dieter (2016): Soziale Arbeit, Gerechtigkeit und das gute Leben. Eine Handlungstheorie zur daseinsmächtigen Lebensführung auf Basis des Capabilities Approachs. In: Borrmann, Stefan/Spatscheck, Christian/Pankofer, Sabine/Sagebiel, Juliane/Michel-Schwartze, Brigitta (Hrsg.): Die Wissenschaft Soziale Arbeit im Diskurs. Auseinandersetzungen mit den theoriebildenden Grundlagen Sozialer Arbeit. Leverkusen, S. 217–232.

Ross, Murray G. (1968): Gemeinwesenarbeit – Theorie Prinzipien Praxis. Freiburg i. Br.

Schlichting, Viola (2017): Überblick. In: Willkommen bei Freunden (Hrsg.): Partizipation von geflüchteten Kindern und Jugendlichen in der Kommune. https://www.gewaltschutz-gu.de/fileadmin/user_upload/PDFs__Publikationen_/Themendossier_Partizipation_junger_Gefluechteter_in_der_Kommune.pdf (Zugriff am 21.04.2023).

Schnurr, Stefan (2018): Partizipation. In: Graßhoff, Gunther/Renker, Anna/Schroer, Wolfgang (Hrsg.): Soziale Arbeit – Eine elementare Einführung. Wiesbaden, S. 631–648.

Schone, Reinhold/Struck, Norbert (2021): Soziale Ungleichheit. https://www.kinder-jugendhilfe.info/allgemeine-rahmenbedingungen/gesellschaft/soziale-ungleichheit (Zugriff am 21.04.2023).

Schrödter, Mark (2007): Soziale Arbeit als Gerechtigkeitsprofession. Zur Gewährleistung von Verwirklichungschancen. Neue Praxis, 1, S. 3–28.

Sen, Amartya (2000): Ökonomie für den Menschen. Wege zu Gerechtigkeit und Solidarität in der Marktwirtschaft. München.

Spatscheck, Christian/Steckelberg, Claudia (Hrsg.) (2018): Menschenrechte und Soziale Arbeit. Konzeptionelle Grundlagen, Gestaltungsfelder und Umsetzung einer Realutopie. Opladen/Toronto/Berlin.

Stanat, Petra/Edele, Aileen (2011): Migration und soziale Ungleichheit. In: Reinders, Heinz/Ditton, Hartmut/Gräsel, Cornelia/Gniewosz, Burkhard (Hrsg.): Empirische Bildungsforschung – Gegenstandsbereiche. Wiesbaden, S. 181–192.

Staub-Bernasconi, Silvia (2007): Soziale Arbeit als Handlungswissenschaft. Bern/Stuttgart/Wien.

Straßburger, Gaby (2009): Sozialraumorientierte interkulturelle Arbeit. Interkulturelle Öffnung und Sozialraumorientierung Hand in Hand. https://www.sozialraum.de/sozialraumorientierte-interkulturelle-arbeit.php (Zugriff am 14.12.2022).

Thiersch, Hans (2003): Soziale Arbeit und Gerechtigkeit. In: Hosemann, Wilfried/Trippmacher, Brigitte (Hrsg.): Soziale Arbeit und soziale Gerechtigkeit. Hohengehren, S. 82–95.

Thiersch, Hans (2006): Randnotizen zu Situationen und Perspektiven der Sozialen Arbeit. In: Schweppe, Cornelia/Sting, Stefan (Hrsg.): Sozialpädagogik im Übergang. Neue Herausforderungen für Disziplin, Profession und Ausbildung. Weinheim/München, S. 31–40.

Thiessen, Barbara (2019): Soziale Arbeit in neoreaktionären Zeiten – oder: Demokratie braucht Soziale Arbeit braucht Demokratie. In: Köttig, Michaela/Röh, Dieter (Hrsg.): Soziale Arbeit in der Demokratie – Demokratieförderung in der Sozialen Arbeit. Opladen/Berlin/Toronto, S. 36–45.

WHO (2002): Active ageing: A policy framework. Geneva.

Wohnungslosenhilfe Biberach e. V. (2018): Jahresbericht 2017. https://wohnungslosenhilfe-biberach.de/wp-content/uploads/2018/12/Jahresbericht2017-web.pdf (Zugriff am 03.04.2023).

Vester, Michael (2001): Soziale Milieus im gesellschaftlichen Strukturwandel. Zwischen Integration und Ausgrenzung. Frankfurt a. M.